1 MONTH OF
FREE
READING

at

www.ForgottenBooks.com

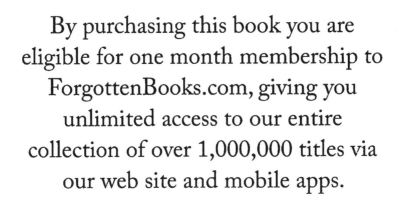

By purchasing this book you are eligible for one month membership to ForgottenBooks.com, giving you unlimited access to our entire collection of over 1,000,000 titles via our web site and mobile apps.

To claim your free month visit:

www.forgottenbooks.com/free409196

ISBN 978-0-483-69567-2
PIBN 10409196

This book is a reproduction of an important historical work. Forgotten Books uses
state-of-the-art technology to digitally reconstruct the work, preserving the original format
whilst repairing imperfections present in the aged copy. In rare cases, an imperfection in
the original, such as a blemish or missing page, may be replicated in our edition. We do,
however, repair the vast majority of imperfections successfully; any imperfections that
remain are intentionally left to preserve the state of such historical works.

GNANO, Duca di. Il Vesuvio. Napoli, 1810.
6 pp., 2 cc., cart.

IL
VESUVIO
POEMA
DEL
DUCA DI VENTIGNANO.

Monstrantur Veseva juga, atque in vertice summo
Depasti flammis scopuli.

SIL.

IN NAPOLI, 1810.
DAI TORCHI DI ANGELO TRANI,
Largo del Castello, N. 58.
Con permissione.

PREFAZIONE.

Furono già scritti non pochi altri poemi col titolo istesso, non collo stesso scopo. In quelli si parla del solo Vesuvio, o di qualche sua particolare eruzione : in questo io volli ingegnarmi di dare un piccolo saggio della recentissima teorìa de' vulcani ; aggiugnendovi un cenno di ciò, che dai più remoti tempi persino a noi si finse e si opinò sù di questi, ed ornando il tutto delle grazie, e delle veneri poetiche. Spetta ora agli altri il giudicare, se io abbia saputo giugnere alla meta propostami.

Non reputo intanto inopportuno il porgere ai Leggitori una idea preliminare del poemetto, onde comprender possano più agevolmente se degno sia di biasimo o di compatimento.

Un poema didascalico suol riuscire di sua natura pesante e nojoso, qualora non venga adornato di copiose e variate bellezze. È perciò ch'io finger volli un viaggio sul Vesuvio, il quale, porgendomi campo di ragionar sul soggetto principale, mi somministrasse del pari mezzo a dilettar con amene descrizioni, e con analoghi ed interessanti episodj.

Io ho diviso il poema in cinque brevissimi canti, il primo de' quali non è, per dir così,

4

che l' introduzione dell' opera. La descrizione
de' contorni del Vesuvio, un cenno sulla sua
figura e sulla sua creduta utilità, il mio giu-
gnere sulla collina del Salvatore ne formano
l' insieme.

Un sogno mi porge occasione, sul princi-
pio del secondo canto, di accennar quelle
favole, cui le vulcaniche esplosioni dar po-
tettero origine. Giunto sul cratere del Vesu-
vio, v'incontro l'ombra di Plinio il vecchio,
il quale, come eccellente naturalista, si offre
di condurmi nelle viscere del monte per colà
pienamente istruirmi di tuttociò, che ai vul-
cani si appartiene.

Di fatti il terzo canto non è che il mio
viaggio nell'interno del Vesuvio. Un dialogo
colla mia guida mi schiude il campo ad accen-
nar tutti gli antichi e moderni, o più strani
o più rimarchevoli sistemi su de'monti ignivomi.

Giunto nel quarto canto al fuoco del mon-
te, Plinio mi sviluppa la vera teorìa de'vul-
cani: quella cioè, che per esser la più recen-
te, credesi la più verosimile. Non rechi me-
raviglia se un antico naturalista adoperi nel
suo discorso i moderni vocaboli, giacchè sa-
rebbe riuscito impossibile o sconcio il farlo
parlare in altra guisa.

Il quinto canto non è che la descrizione di
un incendio del Vesuvio, tratta dalle due ele-

gantissime lettere di Plinio il giovane a Cornelio Tacito sullo stesso argomento.

Ciascun canto è seguito da alcune annotazioni, in cui si dice quel , che non andava detto, o troppo succintamente erasi accennato nelle ottave precedenti.

IL VESUVIO.

POEMA.

CANTO I.

I.

In quell'etade, in cui già lasso è il core
Di palpitar per infedeli oggetti;
In quell'etade, in cui più saggio amore
Raffrena i tempestosi e folli affetti;
E all'insanir di sconsigliato ardore
Succedon di ragione i bei diletti;
La segreta cagion dell'igneo fonte
Desio mi trasse a rintracciar sul monte.

2.

Sul monte, io dico, che dal sen venusto
Delle Sebezie sponde ergesi in cono (1)
Nero sabbioso sgretolante adusto;
Che qual tartareo spaventevol trono
Spesso veggiam di rubre fiamme onusto:
Cui manto e voce son le nubi e'l tuono;
Che degli Elisi alfin sul suolo ameno
Versa talor di Stige il rio veleno.

a 4

3.

Sul monte, io dico, che del tempo a scherno,(2)
È fonte ognor di rinascenti orrori,
Di eterno foco e di dispetto eterno:
E poichè avvien che per novi furori
Si scuota e avvampi, del fremente Averno
Al ciel sospinge i procellosi ardori;
E tanto è 'l fulminar che da lui piove,
Che vince al paragon l'istesso Giove.

4.

Le spalle io volgo alla Città turrita
Ch' è patria a' fiori, a primavera è regno,
È nel cui seno io m'ebbi un dì la vita:
E 'l piè spronando in ver dell'arduo segno,
A cui di gloria un bel desio m'invita,
Caldo di speme ed alto ardor men'vegno
Là dove un rio dell'ignita fucina
Fu tomba ad Ercolan, culla a Retina. (3)

5.

Era quell'ora che ad amar conforta,
E di dolce tristezza il cor c'inonda;
E velando il Lëon, ch'era in sua scorta,
Già a celarsi fuggiva il Sol nell'onda:
Già dalla schiusa orïental sua porta,
Spirando un venticel di fronda in fronda,
Del giorno estivo a rattemprar l'arsura
Nuova intorno spandea vital frescura.

6.

Nella piaggia sì cara al bel pianeta,
Che degli ultimi raggi ognor l'indora; (4)
In quella piaggia così vaga e lieta,
Cui primavera eterna avviva e infiora;
D' un giovin lauro all' ombra amica e cheta,
Sul verde smalto, che 'l bel suol colora,
. Quel monte io giacqui a contemplar, che impera
Sull' alma sponda in maestà severa.

7.

Par che natura al fianco suo paventi;
E a placar l'ira sua, vaga corona
Di fior gli porga e di mirti virenti.
Assise appiè gli stan Flora e Pomona,
A dispetto del verno ognor ridenti;
E 'n dolci note intorno a lui risuona
La vario-pinta aligera famiglia,
Che in tuon pietoso a lui pietà consiglia.

8.

Trepida ognor l' agricultrice schiera,
Sudando in grembo alle sue messi acerbe,
Tien fiso il ciglio all' infernal Chimera; (5)
E che in calma per poco ancor si serbe
L' inesorabil monte e prega e spera;
Finchè, cangiati in frutto i fiori e l' erbe,
Mercè non porga a' lunghi suoi sudori,
E vitto insieme a' pargoletti amori.

9.

La vigil forosetta, allor che 'l piede
Muove lungi il consorte, in sull' esterna
Soglia del picciol tetto all' opra siede;
E i sguardi ai figli, al fuso, al monte alterna.
E se fumo improvviso insorger vede,
O ascolta pur sua roca voce interna,
Al sol pensiero d' un lontan periglio
L' opra sospende, e inumidisce il ciglio.

10.

L' orribil vetta irrequïeta ognora
Prende novello e mai men truce aspetto.
Or d' unica vampante immensa gora
Trabocca fuor l' eterno suo dispetto;
Ed or per cento ignìte bocche irrora
Di brine ardenti lo stellato tetto.
Or pari alla trifauce belva inferna:
Or pari all' angue abitator di Lerna. (6)

11.

Covre l' origin sua caligo folta
Di vetustà, ch' ogni memoria avanza.
Di secoli canuti intorno accolta
Par lunga schiera alla tartarea stanza.
E se pur sembra il suo furor talvolta
Più mite o spento, con maggior baldanza
Avvien che poscia in un balen si desta,
E 'l suo destarsi a noi divien tempesta. (7)

12.

Confin di valli ed alti poggi invano
Natura amica al suo livor ponea;
E a manca ergendo una petrosa mano, (8)
Co' flutti a destra il regno suo chiudea.
In questo di nature agon sì strano
Vinta è la buona e vince ognor la rea.
E vuoi tu, Ciel, che in noi pietà si veggia,
Se pur Natura in crudeltà grandeggia?

13.

Stolto, che dici? Ah, non fia ver che'l ciglio
Superbo innalzi a giudicar del cielo
Il saggio imperscrutabile consiglio!
Che vibrar dell'orgoglio il fragil telo
Alle sfere è follìa e insiem periglio.
Covre del Nume impenetrabil velo
Le provvid'opre; e noi crediam sventura
Pur quel, che a noi felicità procura.

14.

Il suol, che premi, e in braccio ancor del verno
Docil per te di frutta e fior s'ammanta;
E pur di nevi asperso, un sempiterno
Dolce tepore invarïabil vanta;
Offrir potrebbe nel suo volto esterno
Beltade e insiem fecondità cotanta,
Se non avesse il grembo suo profondo
Pregno del foco animator del mondo? (9)

15.

Ma se cagion, che'l tutto ognor feconda
E 'l tutto avviva è l'ignito elemento;
Talvolta avvien ch', ov' ei soverchio abbonda,
Desti improvviso universal fermento:
Sicchè l'aer più raro si diffonda,
E proromper si sforzi al par del vento.
Però se un varco al suo fuggir non trova,
Convien che i campi e le città sommuova. (10)

16.

Così, se avvinta a divampar per gioco
In lievi fasce è la tonante polve;
Qualor s'appressi ad eccitarla il foco
In fiamma innocua il suo vigor dissolve.
Se vien poi stretta in sen d'angusto loco,
O in ferrea zona esperta man l'involve;
Il suo poter nel novo inciampo addoppia,
E 'n dispetto feral s'accende e scoppia.

17.

Rivolgi al Bruzio il guardo; e ve' quel suolo,
Cui men larga d'un dono era Natura,
Di quanto orror cosperso e di qual duolo
Or'or si giacque, e 'l pianto ancor vi dura;
Poichè al rotar de lo fulmineo stuolo
Nel cavo sen di sua prigione oscura,
Ondeggiava, qual suol la mobil'onda
Scossa dal vento agitator, la sponda. (11)

18.

Ma, Partenope, tu, per cui lo fato
Sembra obblïar suo rigido costume,
Temer non puoi dell'elemento irato.
E se talvolta pur l'ignito fiume
Tremar faceva il suolo tuo bëato;
Splendea tosto sul monte amico lume,
Che, mentre altrove si giacea nel pianto,
Diceati; non temer: ti sono accanto. (12)

19.

Sedendo in parte u' giugner mai non puote
L'ira del monte, il suo ruggir tu ascolti
Come rupe, che l'onda invan percuote.
E mentre scorgi i tuoi villaggi involti
Nel rio furor di sue fiammanti ruote;
E mare e terra e ciel per lui sconvolti;
Tu dormi allor con doppia sicurezza,
Che 'l danno altrui divien la tua salvezza. (13)

20.

Notte mi guida al tenebroso impero,
Ove stella non v'ha, che al porto adduce;
Ed ove il suol petroso adusto e nero
Sovente è al peregrin mal certo duce.
Smarrito allor mi volgo in un sentiero,
In cui da lunge un piccol raggio luce,
Che alfin mi tragge ad un'ostel campestre,
Cui fan corona e pampini e ginestre. (14)

21.

Stretta colà fra dolci amplessi io miro
Coppia diversa in su dell' erbe assisa;
Che baci a baci, ed a sospir sospiro
Muta rendea, da forte amor conquisa.
Poichè 'l romor sospese il bel deliro,
E la tenera pugna ebbe divisa,
Drizzossi l'una in timido contegno;
Sull'altro volto apparve un lieve sdegno.

22.

Chi sei? Stranier. Che vuoi? Mi traggo al monte.
Disse; risposi: e al mio contegno onesto
Rieder vid' io serena a lui la fronte.
E dissemi; Signor, non è già questo
Il buon sentier, per cui colà tu monte.
Nel rimirarmi allor dubbioso e mesto,
Se vuoi, soggiunse, a te sarommi io scorta;
Vieni, mi segui e 'l tuo dubbiar conforta.

23.

La terza allor del cerchio e la più vaga
Tinse la gota del color del giglio;
Quasi fusse nel suo bel cor presaga
Del tristo evento e del vicin periglio.
Diceale 'l pastorel: che sì ti smaga?
Ed ella: o dolce amor, cangia consiglio.
Stringendo allora il buon pastor la sposa,
Le disse: non temer; vanne e riposa.

24.

Partimmo; e nel partir vid'io sul volto
All'amorosa ninfa in doppia stella
Di muto pianto il suo dolor disciolto.
Tacea: ma nel tacer la miserella
Tutto il suo dir nel pianto avea raccolto,
E rendevala il pianto ancor più bella.
Quando lungi noi fummo, un sospir fioco
Da lei ne giunse, e ci arrestò per poco.

25.

Taciti allor, colla pietà nell'alma,
Incominciammo a gir per quelle rupi
Ei primo ed io secondo. Orribil calma,
Tetro silenzio regna in que' dirupi,
Che non si covron mai di verde salma. (15)
E 'n que'recessi tenebrosi e cupi
Par che natura inoperosa e mesta
Dica: del mio poter la tomba è questa.

26.

Ma pur fra quegli orrori, ecco ad un tratto
Il suol si cangia; ed allo scabro ardente
Stuol di rupi, vegg'io, dal foco intatto,
Succeder colle vegetal ridente. (16)
Dallo stupor compreso, ascendo io ratto;
E d'arbori vetusti infra virente
Cerchio frondoso, un picciol tempio a fronte
Veggomi tosto biancheggiar sul monte.

27.

Giungo; e dall' umil vetta il piè del colle
Tutto cinto vegg' io di spenti ardori,
D' atri torrenti ed infeconde zolle:
Mentre dal sen di quegli eterni orrori,
Illeso e lieto il verde capo estolle
Coronato di frutta ed erbe e fiori
Il picciol poggio, ch' entro se rinserra
Eterna pace in mezzo a eterna guerra.

28.

Così, cred' io; mentre giacea sommerso,
Del Nume irato al cenno, nel profondo
Degli abissi dell' acque l' Universo;
Il naviglio divin sul muto mondo
Nuotar si vide con destin diverso:
Di nostra razza il genitor secondo
Nel cavo sen chiudendo, e seco insieme
Di virtù nuove e nuove colpe il seme.

29.

Mute eran l' aure. Del suo bruno ammanto
E la terra ed il ciel notte covria:
Nè di fronda o d' augel susurro o canto,
Nè voce alcuna o strepito s' udia.
L' argentea Febe, col silenzio accanto,
Per l' azzurro sentier cheta fuggìa:
Mentre schiudea sull' uom sue placid' ali
Il dolce sonno, il dolce obblio de' mali.

30.

Al pudico splendor di Cintia bella;
Al nebuloso albi-ceruleo lembo,
Che i campi appien velava e le castella;
Di pensieri diversi un folto nembo
Mi sorge in mente e la ragion martella.
Sicchè, dell'umid'erba assiso in grembo,
Tanto dall'una in l'altra fola errai,
Che in sogno alfine il mio pensar cangiai.

31.

E poichè l'alma; allor che inerte giace
Per sopor grave il vario stuol de'sensi;
Non langue già, ma al par di pria vivace
Percorre de'pensier gli spazj immensi;
E più sovente ricalcar le piace
Que', che più son per novitade intensi:
Dell'ignea balza il pensier mio sol pregno,
Sol l'ignea balza al vaneggiar fù segno.

Fine del primo canto.

ANNOTAZIONI AL PRIMO CANTO.

I.

Delle Sebezie sponde ergesi in cono.

Quella parte della nostra Campania, che si
stende da Stabia a Cuma, fu conosciuta dagli
antichi sotto il nome di Campi Flegrei. Que-
sta denominazione indica abbastanza che la
detta contrada ha soggiaciuto da tempo imme-
morabile all'azione de' fuochi vulcanici In fatti
tutti que' colli, che giacciono fra 'l Vesuvio e
Pozzuoli, appariscono chiaramente esser l'ope-
ra de' vulcani: anzi i Fisici credono che i così
detti Campi Flegrei sieno stati un tempo luo-
ghi sottomarini, rilevati in seguito dalla con-
tinua azione de' fuochi sotterranei. In Grecia ed
in Macedonia vi furono delle altre contrade
conosciute ancora sotto il nome di Campi Fle-
grei; verosimilmente perchè furono un tempo
anch'esse esposte agli oltraggi di un sì terribile
nemico. Sembra però che ad imitazione di quel-
le fusse stata così chiamata la nostra Campa-
nia ne' tempi posteriori.

2.

Sul monte io dico, che del tempo a scherno.

Il Vesuvio è uno de' più antichi vulcani del
Globo. Egli forse incominciò ad ardere tosto-

ché il mare si ritirò da questa parte dell'Italia. I Libri Sibillini fanno menzione degli antichissimi incendj di questo monte : Diodoro Siculo, Vitruvio ed altri ne parlano come di notizia tradizionale: e per ultimo fin sotto le fondamenta dell'antica Pompeja si ritrovano delle lave. Sembra perciò che questo vulcano avesse taciuto lungo tempo prima, che colla famosa eruzione del 79 ricominciasse una serie di esplosioni non mai più interrotta perfino a' giorni nostri. La lista cronologica di queste fu già compilata dal P. della Torre, dal Mecatti, e dal Signor Patrin, nell'articolo *Volcan* del Dizionario di Stor. Nat. ultimamente pubblicato in Parigi.

Se vogliam credere alle Istorie, gl'incendj del Vesuvio sono andati crescendo di frequenza col volgere de' secoli: e se fusse realmente così, un tal fenomeno porgerebbe ai Fisici largo campo di dispute e congetture. Ma io credo piuttosto che debba ascriversi a difetto della Storia il picciol numero degl'incendj Vesuviani da quella notati ne' primi secoli.

3.

Fu tomba ad Ercolan, culla a Retina.

Ercolano giace sepolta sotto le materie di sette eruzioni. La prima materia, che la covrì esser dovette nello stato di fango liquido; giacchè si cavò dal teatro la testa di una statua, la di cui impronta rimase nel tufo sì bene, che avrebbe potuto servir di modello.

Resina fu detta Retina dagli antichi : ella esisteva all'epoca del famoso incendio del 79, giacchè Plinio il giovane ne fa parola.

Distrutta in seguito dalle lave, ella oggidì mirasi risorta sulle rovine di Ercolano.

4.

Che degli ultimi raggi ognor l'indora.

Le falde del Vesuvio, e soprattutto le marine di Portici posson dirsi un sorriso della natura. Rivolte ad Occidente ed accogliendo gli ultimi raggi del Sole, par che la luce del giorno se ne diparta suo malgrado. La soavità del clima e la giocondità dell'aspetto di quelle contrade fan sì, che ad onta de' moltiplici e funesti esempj di villaggi o tutti o in parte distrutti dalle lave, pur nondimeno frequenti e popolosi borghi vi s'incontrino, e spesso ricostruiti sulle lor proprie rovine.

Sventuratamente quelle deliziose ed infelici regioni col crescer degli anni divengono vieppiù soggette alla malefica influenza del dominante Vulcano. Al dir di Strabone, prima del

79, il Vesuvio era coverto di pascoli e viti sel-
vagge fin sulla cima : appena in questa ravvi-
sar si potevano le vestigia degli antichi incen-
dj. Si sa in fatti che Spartaco sconfitto si riti-
rò su quel monte cogli avanzi de' suoi ; e stret-
tovi dalle armi romane, si salvò fuggendo da
una rupe inaccessibile, e perciò mal custodita,
per mezzo di funi tessute con viti selvagge, che
sul monte abbondavano, e che servirono di
scala a lui ed a' suoi compagni . (*Vedi Plu-
tarco in Crasso*).

Prima della famosa eruzione del 1631, po-
co men terribile di quella , che distrusse e
Pompeja ed Ercolano, le vigne ed i pascoli
estendevansi ancora persino appiè del cono,
al così detto Atrio del cavallo. Ma d'allora in
poi, o perchè l'altezza del Vesuvio siasi di
molto diminuita, o perchè le lave escano più
di frequente dai fianchi del monte, (forse cor-
rosi dall'azion continua de'fuochi), d'allora in
poi, dico, la distruzione si è di mano in ma-
no avanzata: le valli, che cingevano quasi ar-
gine il cono, furono colmate in gran parte da'
torrenti bituminosi: sicchè, tolto questo natu-
ral riparo, le lave scorrono ormai senza alcun
ostacolo fin sulle pianure . Ciò principalmente
si osserva dalla parte della Torre del Greco,
dove nel decorso di pochi anni sono andate già
a sboccar tre lave. La prima di queste e la

più terribile, caduta nel 1794, distrusse qua-
sicchè la metà di quel disgraziato Paese.

5.

Tien fiso il ciglio all'infernal Chimera.

Al dir di Plinio , il Monte Chimera , sito
nella Licia , era un Vulcano . Quindi trasse
poscia origine.la Favola della Chimera ; mostró
che fingeasi aver testa di leone, ventre di ca-
pra, coda di drago , e vomitar fiamme dalla
sua bocca .
Secondo i Poeti, la Chimera ebbe per geni-
tori Tifone ed Echidna , e fu vinta ed uccisa
da Bellerofonte .

6.

Or pari all'angue abitator di Lerna.

Sarebbe difficile il descrivere la figura del
cratere del Vesuvio, come di ogni altro Vul-
cano : questi cangiano ad ogni momento . Og-
gidì quello del Vesuvio rassomiglia ad un'am-
pia valle circondata e seminata di collinette di
arena. Veggonsi in varj siti delle profonde vo-
ragini ; e vi si ravvisano ancora i frantumi di
quella parte del cono, che fu rovesciata dall'
incendio del 1794. L'altezza di questo Vulcano

verso il 1779 era di 3694 piedi Parigini, se-
condo il saggio fattone dal Sig.ʳ di Saussure.
Ora è minorata di molto.

7.

E 'l suo destarsi a noi divien tempesta.

Sembra che le eruzioni più violente del Ve-
suvio abbian seguito talvolta un lungo riposo.
Quella del 79 avvenne dopo molti secoli di
silenzio. Quella del 1631 dopo quasi quattro
secoli d'inazione; se pur, come dissi, le Istorie
non sono inesatte.

8.

E a manca ergendo una petrosa mano.

» Il monte oggidì detto di Somma era forse
quello, che gli antichi chiamavano Vesuvio.
La sua forma esteriore è conica, il suo interno
offre al presente quella di un gran teatro. Io
suppongo che l'eruzione a' tempi di Plinio ab-
bia rovesciata la porzion del cono ch'era ver-
so del mare, e che il Vesuvio ora esistente sia
stato elevato dalle seguenti eruzioni. Ho vedu-
to in fatti dall'altra parte di Somma delle an-
tiche lave, che non avrebbero mai potuto pro-
venir dal Vesuvio attuale. Serao, nella intro-

duzione alla Storia dell'eruzione del 1737, dice che alla Madonna dell'Arco, nello scavare un pozzo, si dovettero traforar quattro lave, che sicuramente non potevano essere uscite dall'attual Vulcano.» (*Hamilton Disc. sul terreno di Nap.*).

9.

Pregno del foco animator del mondo.

I Fisici osservano che le regioni Vulcaniche sono le più soggette ai tremuoti. È da riflettersi però che in siffatte contrade, in cui abbondano le materie infiammabili, un monte ignivomo può riputarsi strumento di salvezza anziché di pericolo. Sembra di fatti che la nostra Campania fusse stata molto più soggetta ai tremuoti, allorché il Vesuvio ritrovavasi in una perfetta inazione; imperocché Plinio il giovane, nella sua prima lettera a Tacito sull'incendio del 79, così si esprime : *Præcesserat per multos dies tremor terræ, minus formidolosus quia Campaniæ solitus*. E Seneca, parlando di un terribile tremuoto quivi avvenuto, assicura lo stesso: *Campaniam hujus mali nunquam securam*.

Convien che- i campi e le Città sommuova.

A confermar ciò, che dissi nella precedente nota, mi giova rammentare ai Leggitori quali sieno le cagioni de' tremuoti. L'accensione delle piriti, lo sviluppo dell'elettricismo, il crollo di qualche sotterranea caverna possono egualmente produrli. Or nelle regioni, il di cui seno abbonda di piriti ed altre infiammabili materie, è chiaro che frequenti . esser debbano i tremuoti cagionati dalla di loro effervescenza ; e tanto più frequenti e sensibili quanto più difficile riesca lo sprigionamento de' gaz generati dalla detta effervescenza , o lo sbocco di quelle materie, che vengono violentemente agitate dall'energica azione del fuoco . Cosicché in tali contrade un Vulcano può considerarsi come uno sfogatojo delle sotterranee accensioni.

11.

Scossa dal vento agitator, la sponda.

Nel 1783 , le Calabrie furono devastate da orribili e frequenti tremuoti . Incominciarono questi a risentirsi nel giorno 5 Febbrajo . Le regioni più maltrattate furono quelle comprese nel 38.mo al 39.mo grado di latitudíne, fra glí Appennini ed il mar di Toscana . Chi voglia leggerne una dettagliata descrizione vegga soprattutto la Storia Natur. compresa nelle Transazioni Filosofiche della R. Società di Londra, e compilata dal Signor Gibelin.

12.

Diceati, non temer; ti sono accanto.

. Allorchè nel 1805 il Contado di Molise fu devastato dai tremuoti, la di cui prima scossa si risentì fortemente in Napoli, il Vesuvio dava segni di prossima eruzione, e questa di fatti avvenne dopo non molti giorni.

13.

Che il danno altrui divien la tua salvezza.

Non è ch'io voglia quì sostenere come assioma, che le eruzioni del Vesuvio pongano la Città di Napoli al coverto de' tremuoti . Ma, essendo questa una popolare e general credenza, credo lecito al poeta il metterla a profitto.

14.

Cui fan corona e pampini, e ginestre.

Queste piante allignano facilmente sulla superficie di quelle lave, che incominciano a divenire idonee alla vegetazione.

15.

Che non si covron mai di verde salma.

Le superficie delle lave non divengono capaci di vegetazione che dopo molti anni. Conviene che il tempo i venti e le acque ne frangano a poco a poco le scorie, e vi trasportino una sufficiente quantità di terra vegetabile.
Le prime piante, che véggonsi germogliar sulle lave sono le ginestre: (*Spartium junceum*) le felci: (*Pteris aquilina*). Ne' siti poi dove l'acqua ristagna, le scorie veggonsi dopo qualche anno rivestite del *Lichene rangiferino;* specie di musco arido e biancastro.

16.

Succeder colle vegetal, ridente:

Il colle del Salvatore fu senza dubbio anch' esso l'opera de' vulcani in remotissimi tempi.

Ora però é tutto coverto di alberi, di verdura, e la sua posizione lo mette al coverto dagl'insulti delle lave. Sulla sua cima v'ha una picciola cappella ed una meschina abitazione per un sedicente romito, il quale vende a carissimo prezzo de' viveri a coloro, che imprendono il faticoso viaggio del Vesuvio.

Fine delle annotazioni al primo canto.

CANTO II.

1.

Veder mi parve: e fu il sognar sì poco
Lungi dal ver, che in mente è vivo ancora:
Veder mi parve che 'l Titanio gioco
D'intorno a me si ripetesse allora:
E fu il principio e l'andamento e 'l loco
Di quell'orrida pugna, e 'l modo e l'ora,
E come cadde l'empio stuol poi vinto,
Tutto dal caldo imaginar dipinto. (1)

2.

Là di Tessaglia in sulle sponde assiso
Star mi pareva: in mille argentee vene
Penco fuggiami accanto e 'l bel Pamiso.
Pindo, ed Olimpo al Ciel fronti serene
Ergean di lunge; e Tempe in dolce riso
Schiudeva il sen delle sue valli amene:
Mentre di Fere il torreggiante aspetto
Mi fea d'Alceste rammentar l'affetto. (1)

3.

Poi rivolgendo in altra parte il ciglio,
Le Muse insiem sulla Pieria vetta
Raccolte io miro, e di Latona il figlio:
D'intorno a lor la breve schiera eletta
Di que'sublimi ingegni, a cui consiglio
Fù sol natura, ancor vegg'io ristretta:
E lieto starsi il fortunato coro
Cinto le tempia del celeste alloro.

4.

Tutto parea spirar dolcezza e pace
In quel sì caro a'Numi almo soggiorno.
Di mille pinti augei schiera fugace
Faceane il Ciel più vagamente adorno:
Più ridente colà del sol la face
Rider più fea del suo splendore il giorno:
Ed eran tutte quelle piagge erbose
Di gigli asperse e violette e rose.

5.

Ma come avvien che sulla riva ardente
D'Africa, allor che vieppiù ferve il sole;
Se nera nube insorga di repente
Colà del monte in sull'alpestre mole;
Cresce gigante e torbida e fremente,
E carca sì della fulminea prole,
Che'n poch'istanti il poggio e la foresta
In tenebre ravvolge ed in tempesta:

6.

Così ad un tratto il puro Ciel s'annera
Per atra nebbia, che dal suol s'estolle,
E in pien meriggio intorno a me fa sera.
Dal profondo suo grembo introna e bolle
Pregna la terra di fatal bufèra:
Scindonsi i campi; e dall' enfiate zolle
Con vasti corpi ed orridi sembianti
Nascer vegg'io lo stuol de' rei Giganti. (3)

7.

Primier, qual pino annoso, Alcïonèo (4)
Si drizza alto rugghiando; a lui risponde
Ed Oto ed Efialte e 'l fier Tifèo,
Che fan del rugghio rimbombar le sponde.
Centimano grandeggia Brïarèo
E 'l capo immane fralle nubi asconde.
Al novo incarco il suol s'avvalla e geme:
Al novo orror si scuote il mondo e freme.

8.

Con voci orrende minacciose introna
E terra e mar la Gigantèa famiglia
Insana rabbia, insano ardir la sprona,
E a fatal pugna contro 'l Ciel consiglia.
Già già di guerra in rauco accento intuona
L'infausto grido: e già coll' adre ciglia
Il celeste sentier guata, misura,
E 'l folle impegno in suo pensier matura.

9.

S'accinge all'opra . E qual veggiam divelto
Docile arbusto alla più lieve scossa,
Così da sue radici il Pelia svelto ,
L'Alèide stirpe il sovrappone all'Ossa.
Più insigne impresa al suo valor trascelto
Ha il gran Tifèo . Da' cardini commossa
Enaria impugna ; e un colpo solo adopra ,
Un' orma ei stampa a consumar tant'opra . (5)

10.

Pur v'ha chi assai l'avanza . Il Pindo afferra
Colla sua manca Encelado, e ne face
Fulcro ad immensa vette . Indi disserra
Con novo ardir la destra sua capace ,
E stende là sulla Trinacria terra,
Ove l' Etna nevoso impera e giace .
Ratto lo schianta . A crollo tal dal fondo
Il mar trabalza, e si scompone il mondo. . (6)

11.

E già l' empia falange insiem ristretta
Di monte in monte al nebuloso strato
Si spinge, e 'l Cielo ad assalir s'affretta.
Tranquillo il Nume dal suo trono aurato
Mira il delitto , e ride . A sua vendetta
Basta sol di sue labbia un cenno, ùn fiato ;
Che, qual navilio in gorgo, l'universo
Fora nel prisco nulla allor sommerso .

12.

E qual tu miri, allor che immota e truce,
Sitibonda di sangue armata schiera
Fremendo aspetta l'imperar del Duce;
Se 'l bramato segnal tromba guerriera
Intuoni alfin, sul volto a lei traluce
Di gaudio un raggio, e minacciosa altera
Co' nudi brandi e ratta al par del vento,
Un grido estolle, e vola al rio cimento:

13.

Così, del Nume al primo sdegno, un lampo
Fugge dal Divin ciglio, e 'n triplo giro
Tuonando striscia per l'etereo campo.
Del Ciel la voce i cupi abissi udiro,
E risposer con rubro orrido vampo.
Frementi allor dal cieco Averno io miro
Traboccar le procelle, e l'atre porte
Spalancarsi del pianto e della morte.

14.

In men che non balena, atroce pugna
Sorger mi veggo intorno. Armi novelle
La doppia schiera al gran cimento impugna.
E mentre indarno il fero stuol rubelle
Colli arborosi e vaste rupi adugna,
E fin le vibra ad oltraggiar le stelle:
Pugnan pe 'l Ciel natura e gli elementi
E son lor armi i nembi, i tuoni, i venti.

c

15.

All'inudito ancor mugghio funesto
L'umida fronte in bieco aspetto aderge
Dell' onde il Dio: dal sonno suo ridesto
Fuor delle tombe il popol tristo emerge:
S'arretra il Sol per lo spavento, e mesto
Ne'salsi flutti il suo bel volto immerge:
Geme l'inferno istesso, e par che tema;
E fin la morte impallidisce e trema.

16.

Breve spavento. A debellar l'audace
Titania razza, il Genitor de' Numi
Impugna alfin la sua fulminea face;
Onde in un vampo sol l'opre consumi
Dell'orgoglio dell' uom fiamma vorace.
Ed ecco allor dal cielo ardenti fiumi
Piovon sul mondo; e'l ribellante stuolo
Piomba ad un colpo incenerito al suolo.

17.

Crollan sovr'essi le divelte rupi;
Ed ha tomba ciascun nel suo delitto.
Là negli abissi vorticosi e cupi
Freme dell' Etna Encelado trafitto:
Quà Vesevo nel sen de'suoi dirupi
D'Alcïonèo rinserra il rio despitto.
De'giganti minor la schiera integra
Riman tutta colà sepolta in Flegra.

18.

Fù tanto allor qnel, ch'io sentii nell'alma
Vano spavento al vaneggiar molesto,
Chè dell'alto sopor la greve salma
Io riscossi, com'uom che a forza è desto.
Ma poichè in me rivisse e senno e calma,
A compier mio disegno alfin m'appresto;
Sicchè, seguendo il duce, io volgo i passi
Ove in aspro sentiero a stento vassi.

19.

Era anco notte; e Cintia in dolce riso
Di Mergellina a' verdi colli allora
Stanca poggiava il pallidetto viso;
Mirando quel bell'astro, che innammora,
Già d'Oriente in sulla balza assiso,
Schiuder le porte alla vicina aurora;
Mentre un lontano augello il matutino
Canto intuonava al Crëator Divino.

20.

Ascendo: e già dell'infernal cratere
Schiudesi al guardo mio l'orrida scena.
Di cento rupi fumicanti e nere
L'immensa coppa è seminata e piena.
Qui vedi il solfo in multiformi spere:
Là il ferro miri, e la bollente arena.
Trema sovente il suol, cupo tonando;
E rispondon le bolge fulminando.

21.

Ad ogni colpo in vorticosi giri
Ascende il fumo, e mille insiem roventi
Sassi slanciarsi infino al ciel tu miri,
E ripiombar sulle gole frementi
Del mostro, che ribeve i suoi sospiri, (7)
E ripete per duolo i tristi accenti:
Mentre il vapor più lieve all'aure in seno
D'un fosco velo ammanta il ciel sereno.

22.

Qui d'un'estinta bolgia il sen profondo
Quasi mirar mi lice: in altro loco
Più forte ascolto il gorgogliar del fondo.
Là fuma il suol; quà vivo splende il foco;
E quì, se vibro sulla terra un pondo,
Odo che mi risponde un gemer fioco.
A un tratto allor s'avvalla il suol, che premo,
E minaccia di trarmi al guado estremo. (8)

23.

Sorgeva intanto il Sol dall'oriente
Fulgido e puro a colorar le cose.
Una appo l'altra in ciel vedea già spente
Le tremule scintille; e le vezzose
Ore sparger d'intorno al disco ardente
Fiori celesti e rubiconde rose.
Sù dominante falda ascesi allora
Quell'astro a salutar, che 'l mondo indora.

24.

In cerchio i sguardi ho volti: e qual vegg'io
Spettacol grandïoso in vaga sfera!
Tutti colà del caro suol natìo
I pregi io scorgo in varïata schiera.
Avido allor col ciglio e col desìo
Suggo di sue beltà la piena intera;
Ma in rammentar che sì sovente ei geme,
Convien che a lagrimar m'induca insieme.

25.

Qual veggonsi talor per mano industre
Di varie forme e bei color trapunti
Drappi, eletti a fregiar palagio illustre;
Così che allignan quivi insiem congiunti
Il giglio e l'amaranto al fior palustre;
E a' fiori son per più vaghezza aggiunti
Del duplice Emisfero i pinti augelli, ·
E le damme e le belve insiem con quelli:

26.

Vid' io così nel vario-pinto grembo
Di Campania giacer con bel contrasto,
Quà limpido cristal fuggente a sghembo;
Là di messi ondeggianti un campo vasto;
Colà de' pini il nereggiante lembo;
Qui de' lanosi armenti il verde pasto:
Mentre sorgean, qual nebbia di lontano,
Cento isolette in sul ceruleo piano.

Ivi dell'anno ad un sol tempo intorno
Rider mi veggio il quadriforme volto..
Ha lungo il mar l'ardente està soggiorno:
L'umido autunno è nelle valli accolto:
Primavera col crin di fiori adorno
Scherza sul poggio; e fralle nubi avvolto,
Mostra di lunge sol sua bianca fronte
L'inverno, assiso in sul pendio del monte.

Di là vegg'io sull'Oriental pendice
Spenta giacer del suo nemico accanto
Cittade un dì famosa un dì felice,
Oggetto or sol di meraviglia e pianto.
Su quella il passaggier s'arresta, e dice:
Pompeja ov'è famosa un dì cotanto?
Risponde il tempo: io la distrussi; ed ora
Lo scheletro e la tomba io struggo ancora.

Di dolcezza e stupor l'alma ripiena,
Rivolsi al Ciel colle mie luci il core;
E a Lui, che l'Universo e regge e frena,
Giusto tributo io porsi allor d'amore.
E quindi, poichè volto io m'era appena
A riguatar del monte il vasto orrore,
Miraim' intorno vagolar cortese
Ombra di veglio, ed in latino arnese.

Fronte serena in amichevol cenno
Sotto candide chiome a me volgea ;
In cui la 'mprenta dell' acuto senno
E dell' alma gentil ben' io leggea .
E allor, che più propinque a noi si fenno
L'orme sue lievi, entrambe a me stendea
Le inani braccia : e 'n sen de lo periglio,
Diceami, qual ti trae stolto consiglio ?

Come al padre un fanciul , così risposi
Pien di rispetto ; e dissi a lui : l'alt' opre
Indagar di natura e i frutti ascosi
Qui vogl' io sotto 'l vel, che sì li copre ;
E rintracciar qual forza i portentosi
Fuochi del monte in eccitar s'adopre .
Ma tu chi sei, che qui t'aggiri, e tanto
Di cortesìa rinserri in tristo ammanto ?

Mortal, se tu rammenti il primo sdegno
Di Vesevo ; rispose ; e chi cadesse
Del suo cieco furor misero segno ,
Quando a salvar le genti a lui commesse,
Volando a queste rive in agil legno ,
Anzi perir che abbandonarle elesse ;
Comprender tu potrai chi fossi un giorno,
E qual m'aggiri a queste rupi intorno . (9)
c 4

33.

Ei quì si tacque, e si fè mesto in volto.
Quindi: se bel desìo nel cor tu premi;
Disse con un sorriso, a me rivolto;
Di saper come 'l monte avvampi e tremi;
In alto error tu sei, mi credi, involto,
Cercando la cagion ne' fatti estremi.
Sieguimi; al ver lascia ch' or' io ti guide:
Vieni e vedrai quel ch'uom giammai non vide.

Fine del canto secondo.

ANNOTAZIONI AL SECONDO CANTO.

1.

Tutto dal caldo imaginar dipinto.

L'episodio della guerra de'Giganti contro del Cielo mi è sembrato il più conveniente al soggetto di questo Poema; poichè è chiaro, che la favola di que' monti imposti l'un sovra l'altro non ha tratta la sua origine che dalle vulcaniche esplosioni.

2.

Mi fea d'Alceste rammentar l'affetto.

Il Peneo ed il Pamiso son fiumi celebrati di Tessaglia, come il Pindo e l'Olimpo ne son monti famosi. Tempe, valle deliziosa, è pure in Tessaglia; e niuno ignora che Fere, antica metropoli di quella regione, fu celebratissima da'poeti per la nota avventura di Alceste.

La pugna de'Giganti contro i Celesti dicesi esser avvenuta intorno a Flegra, città di Macedonia conosciuta poi sotto il nome di Pallene. Siccome però non mancano taluni, che pongono i campi Flegrei in Tessaglia, così ho voluto trar profitto da ciò per avvicinarmi al

Pelio ed all'Ossa, monti, che figurano moltissimo in questa favola.

3.

Nascer vegg'io lo stuol de'rei Giganti.

La favola delle guerre de'Giganti e Titani contro del Cielo è una di quelle, che offrono maggior campo di dispute a coloro, i quali tentano di penetrar le verità fisiche, istoriche e morali, che ascondonsi nella Mitologia.

I Titani ed i Giganti vengono per lo più confusi, sebbene vadano necessariamente distinti fra'loro. I primi furono figli di Titano fratello di Giapeto, o secondo altri di Saturno, i quali fecer guerra allo zio per privarlo del regno; ma furono vinti da Giove, a cui il padre Saturno cedè in premio la corona. Sebbene da altri ad Ercole viene attribuita questa vittoria.

I secondi poi, secondo la favola, nacquero dal sangue de'Titani, e dalla Terra; fecero guerra a Giove, imponendo l'Ossa all'Olimpo, il Pelio all'Ossa: ma rimasero sconfitti dal diloro nemico per mezzo de'fulmini fabbricatigli da Vulcano. Chi confonde gli uni cogli altri o non ha letta, o ha dimenticata la Gigantomachìa di Claudiano. La Madre Terra dopo 'aver, secondo finge quest' autore, generati i Giganti, fa ad essi un' allocuzione incitandoli a vendicar la sconfitta de' Titani ed a liberarli dalla prigionìa, e da' ceppi.

Sed vos, o tandem veniens exercitus ultor,
Solvite Titanas vinclis, defendite matrem.

A quel che sembra dunque, ambedue queste favole hanno un fondo storico, e narrano forse le guerre avvenute fra le famiglie di Titano, e di Saturno per la successione al trono.

E pure taluni scrittori, spinti o dall'amor di novità, o da una certa mal'intesa smania di pescar nelle favole sublimi allegorìe, ed astruse verità, si sono ingegnati di dare a queste delle spiegazioni, ingegnose bensì, ma che non lasciano forse di vieppiù allontanarci dal vero.

Alcuni, per esempio, suppongono che quelle favole traessero origine dal tempo del Diluvio; allorchè, essendosi molti ritirati sulle cime dei monti, vi furono da altra gente assaliti; ma poterono facilmente sconfiggerla per esser situati in un terreno vantaggioso. Ecco una spiega, la quale potrà piacer moltissimo a quelli, che professano il mestier della guerra; ma che però, a creder mio, non è nè sufficiente, nè verosimile. Come adattarla ad una favola, che c'indica chiaramente due guerre, delle quali l'una fu conseguenza dell'altra? Oltre-

chè, in qual momento avrebbe dovuto avve-
nire il supposto conflitto fra la gente già pa-
drona de'monti e quella, che tentava di ascen-
dervi? Se nel momento del diluvio, allora i
vinti sarebbero periti nelle acque e non già
sepolti sotto i monti ignivomi, come la favola
ci dice. Se dopo, allora si rifletta che doveva-
no esser rimasti vivi quelli soltanto, che sulle
vette de'monti eransi rifuggiti.

Vuolsi riconoscere da altri in codeste favole
il simbolo di quella antica e general credenza
de'popoli dell'esistenza di due principj l'uno
benigno l'altro malefico, e della continua lutta
fra questi. Ma siffatta spiegazione è troppo
bella per esser verosimile. Convien risovvenirsi
che la cuna delle favole fu quell'epoca infeli-
ce, in cui l'uomo non era guidato che dal
cieco impulso de'sensi; non vedeva le cose che
sotto i di lor rapporti ai suoi bisogni ed alle
sue sensazioni; non ragionava che nel momen-
to e nel modo, in cui una imperiosa circostan-
za lo esigeva. Come dunque supporre in epo-
ca, in cui la somma imperfezion della favella
indicava la somma imperfezion del raziocinio:
(poichè la lingua geroglifica fu l'origine di
gran parte delle favole): come supporre, dico,
che in quel tempo gli uomini avessero potuto
classificar le sensazioni del bene e del male,
separarle fra loro, astrarle, e rapportar sì l'une

che le altre a cause generali? L'universalizzar le idee, l'astrarle, sono operazioni, che l'umano intelletto non compie, se non quando sia giunto a pienamente svilupparsi. Le favole non ebbero giammai sì nobili origini; e se furono abbellite da'poeti ne'secoli posteriori; se fu ad esse adattato in seguito dai sacerdoti un qualche senso allegorico per renderle vieppiù rispettabili ai popoli; non deve confondersene la primitiva origine colle successive alterazioni, che subir potettero col volger de'secoli. I Titani, per esempio, furono detti in una delle Orfiche poesie : *Principia, et fontes omnium mortalium, marinorum, alatorumque, et qui terram habitant. Ex vobis enim omne est genus per mundum.* Ma chi non vede che tuttociò dovette essere attribuito ai Titani in tempi assai posteriori all'origine di quella favola? Chi non sa che quelle poesie vengono da molti gravi scrittori non ad Orfeo, ma ad autori assai più recenti, attribuite?

Volendo intanto spiegar codeste favole colla norma datane dal nostro immortal Vico; (sebbene egli spieghi altrimenti quella di Prometeo incatenato sul Caucaso); potremmo dir così. Figli del Cielo, ossia Celesti, si dissero Giove ed Ercole, perchè appartenenti alla classe di quegli Eroi, di que'forti, che regnando sulle lor famiglie, possedevano la scienza Teologica, ed eran creduti in diretto commercio colla Divinità per mezzo della Divinazione. Figli della terra si dissero i Giganti per esser fra coloro, che menando vita errante per la gran selva della terra, ed inseguiti dai violenti masnadieri, che la infestavano, rifuggironsi presso de'forti; i quali, fatto loro il dono dell'asilo, ne pretesero in cambio la servitù, e gli addissero alla gleba; fondando le prime società in forma di severissima aristocrazia, perchè i pochi forti vi comandavano, ed i molti deboli vi obbedivano. E ciò coincide a meraviglia con essersi detti codesti figli della terra anche Giganti; poichè, secondo Vico istesso, tali dovettero chiamarsi appunto coloro, che vivendo ferinamente nelle foreste, ottennero da quel genere di vita e forza e statura smisurate. Or potette in seguito avvenire, che moltiplicatisi codesti *addicti glebæ*, e soffrendo dai forti delle continue avanie, fussero finalmente insorti, combattendo per la loro libertà civile; appunto come avvenne a Sparta cogl' Iloti, a Roma con i plebei allorchè ritiraronsi sul monte Sacro. Essendo poi stati vinti codesti insorgenti dalla bravura de'forti, potè dirsi in seguito che i figli del cielo avevano sconfitti ed incatenati i figli della terra.

Rimasta ne'popoli la notizia tradizionale di queste guerre, alteratene le circostanze dall'andar degli anni, convertitisi in Dei appo di loro i primi fondatori della Società, cader si dovette altresì nella credenza che fussero nati un tempo dalla terra degli uomini giganti, i quali avessero combattuto co'numi istessi.

È qui da osservarsi che la favola de'monti sovrapposti l'un l'altro, e de'Giganti sepolti sotto di quelli nascer dovette pur'anche in tempi posteriori. Imperocchè dapprima fu detto solo che i Titani fussero stati vinti da Ercole, ed i Giganti da Giove. Ed Ercole e Giove furono entrambi nomi indicanti alcuni di quei forti appunto, che ridotti avevano i deboli in servitù, ed eran creduti figli del Cielo per lo preteso possedimento della scienza teologica e divinatoria. Mi lusingo di dimostrare in altro luogo come da questa favola abbia potuto nascer l'altra del Pelio imposto all'Ossa, e dei Giganti sepolti sotto de' monti ignivomi.

Comparando questa spiega a quella, che la semplice narrazion delle due favole mi aveva dapprima suggerito, rifletto che o nell'un modo o nell'altro par che queste indicar vogliano delle guerre avvenute in que' remotissimi tempi, o fralle famiglie di alcuni forti per litigio ambizioso, o fra i forti ed i servi per causa di libertà civile. Siccome però la memoria di tali guerre si conservò presso di molte nazioni, e presso di molte pur'anche avvenir dovette per

lo naturale andamento delle cose la ribellion
de' servi ; così io son piuttosto per credere che
la favola della guerra de' Titani e de' Giganti
contro de' Celesti altro non sia , che la tradi-
zione alterata' di quelle sanguinose discordie ,
che , come in Roma e Sparta , così in altre Re-
pubbliche avvenir dovettero in epoche ancor
più remote fra i forti oppressori ed i deboli
oppressi .

Ma qualora niuna di queste spiegazioni sem-
brasse soddisfacente , me ne sorge in capo an-
che una terza . Chi sà che quelle guerre av-
venute fra i Celesti ed i figliuoli della Terra ,
altro non fussero che le spedizioni fatte da' po-
poli già inciviliti , contro quelle barbare bri-
gate che forse infestavano le lor frontiere , ed
i loro campi? Guidati i primi da uomini, che
possedevano la pretesa scienza Divinatoria , po-
teron dirsi Celesti ; forniti gli altri di forze , e
stature straordinarie vennero chiamati Giganti.
La vittoria de' primi , attesa l' apparente dispro-
porzion delle forze , dovè sembrar prodigio del
Cielo , ed attribuirsi appunto a coloro che cre-
devansi dal volgo aver col Cielo un diretto
commerzio .

4.

Primier, qual pino annoso Alcïonèo.

Alcionèo fu uno de'Giganti, che fecero guer-
ra al Cielo. Vinto per inganno di Minerva,
restò sepolto sotto del Vesuvio.

5.

Un' orma ei stampa a consumar tant' opra.

L'Aleide stirpe, ossia i figli di Aloèo furono
Oto ed Efialte. Tifèo dicesi sepolto sotto l'estin-
to Vulcano dell' Isola d' Ischia, appellata dagli
antichi Enaria o Enarime.

6.

Il mar trabalza, e si scompone il mondo.

Encelado si finge sepolto sotto dell' Etna.

7.

Del mostro, che ribeve i suoi sospiri.

Disapprovarono alcuni che io personificassi
un Monte, cosicchè mi era indotto a togliere
d

questo verso. L' azzardo mi fece rinvenire in
Pindaro , e precisamente nella prima delle sue
Odi Pitie, un passo che giustifica pienamente
la mia licenza . Eccolo :

Illa autem Vulcani bellua *gurgites horren-
dissimos ejectat*. V. 46 e 47.

Sicchè col passaporto di Pindaro ho lasciato
correre il verso come stava.

8.

E minaccia di trarmi al guado estremo

Le persone, che frequentano il Vesuvio, pre-
tendono che prima di aprirsi una nuova voragine,
il suolo ne dia un segno , scuotendosi, e divenen-
do bollente in quel sito ove ciò deve accadere.
Si assicura che il Cav. Hamilton, in una delle
sue tante spedizioni sù quel monte , giacendo
sdrajato verso la cima del cono, sentì tutt' ad
un tratto riscaldarsi il terreno ; per lo che , essen-
do di là fuggito, non tardò guari a vedervi ef-
fettivamente formata una nuova apertura.

E qual m'aggiri a queste rupi intorno.

Non sarà difficile di riconoscere Plinio il vecchio a questa sua risposta. Difatti il nipote nella sua prima lettera a Tacito sulla morte dello zio, così si esprime . *Deducit quadriremes : ascendit ipse : non Retinæ modo , sed multis laturus auxilium. Properat illuc , unde alii fugiunt; rectumque cursum , recta gubernacula in periculum tenet , adeo solutus metu , ut omnes illius mali motus , omnes figuras, ut deprehenderat oculis , dictaret, enotaretque .*

Fine delle annotazioni al secondo canto.

CANTO III.

1.

Come il duce maggior d'armate schiere
Sieguono in folla i capitan minori;
E veggonsi piegar le fronti altere,
Per meritar tacendo i suoi favori;
Andai così sovra l'orme leggiere
Dell'ombra onesta in sen di quegli orrori:
E 'l rozzo pastorel, tremante e muto,
Seguia di lunge il condottier temuto.

2.

Là dove il ventre immane e l'ampie spalle
Sovra il dorso de' colli il monte aggreva:
Sul fianco di un'opaca e mesta valle,
Nel cui grembo mai pianta non si alleva;
Un'antro angusto un tenebroso calle
Mostrommi 'l veglio; e per colà, diceva,
Per quell'oscuro e ignoto ancor sentiero
Puoi giugner solo a rintracciarne il vero.

3.

Per quella via, che sino al fondo mena,
'Andrem, se non paventi e in me t'affidi.,
Sul margo andrem dell'inesausta vena,
Che sgorga spesso a funestar tuoi lidi.
Allor vedrai novella ignota scena:
Di quel foco vedrai gli eterni nidi:
Vedrai colà come natura appresta
L'orrida sì, ma salutar tempesta.

4.

Disse: per man mi prese; e dello speco
In dolci modi al limitar mi spinse,
Ond'io vidi un sentier profondo e cieco.
Il terzo infra di noi colà ritinse
Di pallor la sua gota; e incerto e bieco
Voleva ir'oltre, ma'l terror lo vinse.
E fui compreso di spavento anch'io;
Ma in me, più che'l timor, potè'l desìo.

5.

Tempo già fù che dell'atro veleno
Rigonfio il monte, in quella parte avea
Lacerato nell'ire il proprio seno.
L'igneo fiume giacente io là vedea
Tremendo ancor, benchè già spento appieno.
Tremendo così forse ancor giacea
L'Etiope mostro, allorchè in rupe stretto
Fù del vipereo teschio al diro aspetto.

6.

Brancolando per l'alta tenebrìa
Seguiva il vecchierel, che saggiamente
Dirigevami 'l piè nell' aspra via,
E imprese a ragionar sì dolcemente
Mortal, m' ascolta; ed anzi tutto obblìa
Quel che umano saver i'ha scritto in mente;
Che in favellar di questi oscuri arcani,
Tutti fùr sempre e per orgoglio insani. (1)

7.

Allorchè di Natura il volto emerse
Dagli abissi dell' acque; e fùr dal Sole (2)
Dello spirto vital sue membra asperse,
Questa, sù cui tu vivi, immensa mole
Forme novelle assunse e in un diverse,
Adatte ad albergar l'umana prole:
E 'l cieco ammasso, a un cenno sol del Nume,
Quadripartì l' informe suo volume.

8.

Solido il suol, che premi, e insiem giocondo
Allor divenne; ed ebbe il mar confine:
L' aer lieve accerchiò, qual zona il mondo,
E sparse a fecondarlo e piogge e brine:
E mentre degli abissi il sen profondo
Bevve tutte le inerti acquose mine; (3)
Rapido intorno andò serpendo il foco,
Moto e calor destando in ogni loco.

9.

Ministro egli è primier de la natura; (4)
E la luce del Sol gli è manto e sprone. (5)
Le varie cose ei sol tutte matura. . .
E 'l suo vigore a quell' inerzia oppone,
Che arrestar l'Universo ognor procura:
Cosicch' esca alla vita e insiem cagione,
Il tutto ei sol feconda e avviva il tutto,
Le piante, gli animai, la terra, il flutto.

10.

In ogni parte ascoso ei ferve ognora, (6)
E ognor novella vita al mondo appresta.
Ma in parte alcuna più vivace ancora (7)
Il suo poter d'intorno manifesta:
E di là, qual da suo nido e dimora,
Fermento universal sotterra ei desta.
Infranto ogni legame, ei quivi avvampa,
Ed irato talor tuona e divampa.

11.

E questa la cagion, di cui fra poco
Qui sotto ascoso tu vedrai l'effetto:
La cagion dell' eterno ed util foco,
Per cui fu l'uom di tanto orrore affetto
Allorchè rimironne il primo gioco,
Che l'ignoto ed insiem funesto obbietto
Nel suo spavento ei venerò qual Dio,
Finchè fu al vero, e alla ragion restio. (8)

12.

E ben del Ciel fu questo alto consiglio (9)
A prò dell'uom; poichè costui vagando
Andò per la gran selva in duro esiglio;
E 'l costume primier cacciato in bando,
Visse insieme alla colpa ed al periglio;
Sicchè nel viver suo tristo e nefando,
Solo il piacer fù sprone a' suoi desìri;
Solo il terror fù freno a' suoi deliri.

13.

Arsero i monti allor, tuonàr le sfere;
E l'uom tremando riconobbe un Nume. (10)
Ma cento, nel tremar, vane chimere
Generò de' suoi sensi al fioco lume.
Pur cangiando le usanze antiche e fere,
Diedesi in braccio a più gentil costume;
E de' monti in mirar le ignìte piove,
Venerò sù que' monti il sommo Giove.

14.

Le umane inculte menti il primo Cielo
Finsero allor su' monti. Indi squarciato
Dell'ignoranza in parte il fosco velo,
Ponendo il Ciel sul nubiloso strato,
Al Divin Fabbro del fulmineo telo
De' monti per fucina il sen fù dato;
Poichè deforme al genitor non piacque,
E slanciato dagli astri in terra giacque. (11)

15.

Però lungi dal ver non mai s'acqueta
Nostro intelletto; e quanto più s'affanna
Di giugner senza guida all'alta meta,
Nuove menzogne e nuovi errori assanna.
Quindi allor per natura ognun Poeta (12)
Seder volendo a più sublime scranna,
E Ciclopi e Giganti al Ciel rubelli
Fingea ne' monti, o pur sepolti in quelli. (13)

16.

Mentre l'insano volgo in suo pensiero
Numi così fingea mostri e portenti;
Surser taluni alfin l'arcano vero
Con miglior senno a rintracciare intenti,
Che dischiuser sudando il bel sentiero
Delle cagioni, in indagar gli eventi.
Ma ricovre i lor nomi oblio profondo,
Che ognor fù ingrato a' benefizj il mondo. (14)

17.

Sulle oscure lor tombe altri più audace
Erger sistema universal procura;
E spigner di ragion l'augusta face
Fin ne' recessi ignoti ove natura
In alta oscurità s'asconde e tace.
E tanto in suo pensier volge e matura,
Che alfin quasi del ver toccato il segno
Aveva alcun sublime antico ingegno,

58

18.

Di Clazomene il saggio, ancor sotterra,
Qual fra le nubi, il fulmine slanciarsi
Credeva; e al suo rotar que', che rinserra
Crassi vapor l'abisso, rarefarsi,
E scuoter divampando allor la terra. (15)
Lo Stagirita, nello spirto starsi
La cagion d'esti fuochi; e quel diceva
Scoppiar, se inciampo al suo fuggir riceva. (16)

19.

Così dischiuso alla ragione il campo,
Cui però fù dal Ciel confine apposto;
Nascea l'orgoglio e fece a quella inciampo.
Dal fosco suo vapor videsi tosto
Rintenebrar di veritade il lampo.
L'umil modesto ammanto allor deposto,
Ragion disparve; e fù nostro intelletto
Per nuove fole ad insanir costretto. (17)

20.

Igniti fiumi eterni alcun credeva
Fluir sotterra, e traboccar da' monti. (18)
Un' animal vivente altri diceva
L'opaca sfera, e che per queste fonti
Respirasse fiammando e' pur fingeva. (19)
E così avvien che l'uom non mai sormonti
Il prescritto confin; ma più s'inganna
» E a retro va, se di più gir s'affanna.

Or pria che del mio dir si compia il corso,
Mortal, mi narra; ed ignorar no'l dei;
Nella lunga stagion, che ha già trascorso
Dall' estremo confin de' giorni miei,
In quai follie novelle è l'uomo incorso? (20)
Se grato a me del benefizio sei,
Questo mi svela; e questa sol ti chiede
Facile e lieve il duce tuo mercede.

22

Signor, m'è legge il chieder tuo; m'ascolta:
'A lui risposi: e nel mio dir tu apprenda
Che l'uom, qual pria, la sua ragione involta
Tien dell'orgoglio in la funesta benda,
E ognor la mente al vaneggiar rivolta.
Però de' prischi error non mai s'ammenda;
O in nove fole il suo pensier sospinto,
Ravvisar crede in quelle il ver dipinto.

Al tuo morir si spense il chiaro giorno
Di Roma e insiem del mondo. Età funesta
D'ignoranza e di sangue a noi ritorno
Di poi faceva; e dalla ria tempesta
Fuggì Sofia nel suo divin soggiorno.
Delle favole allor la schiera infesta
Rinacque in nuovo aspetto; e di natura
Tornò, qual pria, la legge ignota e oscura. (21)

24.

Raggio novello intanto a noi dal Cielo
Splendea, qual puro sol dall'oriente;
Per cui de' prischi errori il denso velo
Svanìa dal ciglio alla smarrita gente.
D'ignoranza però nel freddo gelo
Sepolta ancor saria l'umana mente;
Se con virtude ogni saver risorto
Del par non dava alla ragion conforto.

25.

Però lunga stagion fanciullo ancora
Vagì l'uom pria che ritornasse adulto.
Quindi la sua stoltezza in questa gora
Finse dapprima il peccator sepulto,
Che pe 'l fuoco infernal che lo divora
Il duol disfoga in eterno singulto. (22)
Poi degli astri e del sol la forza ignota
Favoleggiò che i monti infiammi e scuota. (23)

26.

Del novello saper nido primiero
L'Italia nostra fù; l'Italia nostra .... (24)
(A questi accenti io vidi 'l condottiero
Arrestarsi e tacer, com' uom che mostra
Cangiando il volto, il cangiar di pensiero,
E sebben quasi cieca era la chiostra,
Allo splendor di fioco lume io scorsi
Il veglio in pianto di piacer disciorsi).

27.

Prosiegui : egli mi disse . Ed io : sù questo
Per noi sì dolce suol suo tempio ergea
Rediviva ragion . Qui pria ridesto
Fù l' uomo ; e in questo ciel, pura splendea
Sapienza , allor che 'n baratro funesto
Sepolto il cieco mondo ancor giacea .
Sparir le fole ; e di natura il volto
Non più per noi fù in doppia nube involto .

28.

Fervidi ingegni , come in prato i fiori ,
Sorgean per ogni parte a mille a mille .
L' un col canto eternò suoi dolci amori :
Rivisse in l'altro il buon cantor d'Achille .
Nuova armonia s'udì : nuovi colori
Fùr visti : e al suono delle sacre squille
Usciron dalle tombe polverose
De' prischi saggi le grand'opre ascose .

29.

Di questi fuochi allor la ria natura
Fù nota alfin ; ma la cagion restava
Qual prima ascosa , e forse ancor vi dura (25)
Ciascun fra questi orrori il ver cercava :
Ma indarno . E 'l tempo , che tutto matura ,
L'uno appo l'altro i nostri error svelava ,
Tal' è ragion , ch' ove risplenda , almeno
Per lei dal falso il ver si scerne appieno .

30.

Or nuova luce, ové non sia funesta;
Or nuova luce, ove non sia tenèbra,
Sorta ognun grida : e penetrar con questa
In ogni più recondita latébra
Gonfio di speme e folle ardir s'appresta.
Ed è cotanto omai già stolta ed ebra
L'umana razza in questo secol tardo,
Che al Ciel fin vibra il temerario sguardo.

31.

S'or più si vegga o si vaneggi, ignoro.
Sò ch'ove splende il ver non si discorda.
E sì discorde ancor de'saggi il coro
In mille varie guise il mondo assorda
Per esplicar d'esti monti il lavoro,
Che 'a' detti' lor nostra credenza è sorda.
Tal fù l'uom sempre. In ogni età s'estima
Miglior di que', che han vaneggiato prima.

Fine del canto terzo.

ANNOTAZIONI AL TÈRZO CANTO.

I.

Tutti fùr sempre e per orgoglio insani.

Plinio qui incomincia a ragionar sulle origini del mondo, sù gli elementi, e più particolarmente sul fuoco.

Avverto intanto il Lettore che, ogni qualvolta gli occorrerà il vocabolo fuoco, intender debba il fuoco elementare ossìa il calorico. Non permettendomi sempre il verso di usar questa parola, avrebbe prodotto maggior confusione se avessi detto alcune volte fuoco, ed altre calorico.

2.

Allor che di natura il volto emerse
Dagli abissi delle acque .....

Tutte le istorie, le antiche tradizioni, le antiche cosmogonìe e le fisiche osservazioni concorrono in far credere che la terra, dopo la sua prima creazione, rimase lungo tempo ricoverta dalle acque. I frammenti di Sanconiatone e di Beroso, (i quali, se non veri, non lasciano di essere antichissimi): le tradizioni degli Egizj, de' Caldei, de' Fenicj, de' Persiani, e per

ultimo la Sacra Scrittura ne fanno menzione,
sebben ciascuna a suo modo . I primi sistemi
naturali imaginati dagli antichi filosofi poggia-
vano in fatti sù questa opinione . Tali sono
quelli di Talete e di Anassimene , che Valle-
rio a nostri giorni ha fatto rivivere sotto altro
aspetto . Non parlerò delle fisiche osservazioni
fatte da' moderni sulle roccie primitive , e sulla
di loro struttura . Tuttociò è notissimo ad ognu-
no ; ed è noto del pari che il cataclismo del
Diluvio universale , riferito dalla Sacra Scrit-
tura , non poteva nel periodo di pochi mesi
operare una rivoluzione sì grande e sì univer-
sale sulla superficie della terra . Sopra tutto la
formazione de'banchi primitivi , opera senza dub-
bio del sedimento delle acque, indica il trava-
glio di molti secoli .

3.

Bevve tutte le inerti acquose mine .

La diminuzione generale delle acque sembra
confermata da molte osservazioni : i fisici Sve-
desi i primi, e poi il Signor Maillet , Console
Francese al Cairo, provano con argomenti for-
tissimi una tale diminuzione , ed assicurano
che le acque vanno tutto giorno scemando sul-
la faccia della terra . Ma si domanda ; se il
Globo fu un tempo ricoverto dalle acque in

módo che fino i più alti monti eran sottoma-
rini ; se le acque del mare non ricovrono og-
gidì che circa i due terzi della terra; se le par-
ticelle acquose contenute nell'Atmosfera non
sarebbero sufficienti , che a formar una inon-
dazione di soli tre piedi di altezza ; cosa è
divenuto il resto di quelle acque immense,
che esister dovettero un giorno, ed in un vo-
lume cento e duecento volte maggiore di quel-
la, che oggidì esiste sulla faccia della terra ?

A questa objezione non si è data ancora una
risposta sufficiente.

Alcuni, appoggiandosi alla Sacra Scrittura,
sostengono che Iddio divise le acque, e lascian-
done la necessaria quantità sulla terra , cacciò
il resto. negli abissi del firmamento, cioè nelle
immense caverne, che suppongonsi esistere nel
nucleo della terra.

L'autore degli Studj della Natura sembra in-
clinato a credere che i ghiacci de' poli, lique-
facendosi , basterebbero ad inondar tutto il Glo-
bo . Ma egli non sempre ragiona così bene co-
me scrive .

Altri poi asserisce che una porzione delle acque
andò ad incorporarsi colla parte solida del-
la terra, o a prestarsi nella cristallizzazione di
tanti fossili ; ed un'altra forse maggiore, scom-
posta ne' suoi principj dal calorico, andò a ver-
sar nell'atmosfera una copia ingente di quel

fluido vitale, ch'è tanto necessario alla esistenza degli animali e delle piante. Checchè ne sia di tuttociò, la difficoltà regge sempre , ed a noi resta la curiosità di sapere ove andò a perdersi quella copia sì ingente di acqua .

4.

Ministro egli è primier della natura.

Il calorico è in fatti l'agente principale della natura in tutte le sue operazioni.» Egli è un fluido *sui generis* sparso abbondantemente per tutt' i corpi.» (Moratelli.)

5.

E la luce del sol gli è manto e sprone.

» Il calorico è un fluido estremamente labile ; e senza la continua azione della luce del sole noi ne resteremmo privi , e saremmo in breve tempo agghiacciati. « (Moratelli).

6.

In ogni parte ascoso ei ferve ognora.

Il calorico è sparso da pertutto : egli è la vita del Mondo, ponendo il tutto in moto ed in fermento .

La vegetazione delle piante, il cálor vitale
degli animali, .e quel generale sotterraneo mo-
vimento di succhi e di vapori, non sono che il
risultato dello sviluppo del calorico. » Viene
questo dai Chimici, e dai Fisici moderni con-
siderato come l'agente principale, che la na-
tura impiega per bilanciare il potere é l'effetto
naturale dell'attrazione . Egli è certo che , se
non vi fusse che la forza di attrazione inerente
ai corpi , non avremmo che sostanze solide e
compatte : ma il calorico inegualmente sparso
pe' corpi tende di continuo a rompere quell'
adesione, che hanno le molecole; ed a lui dob-
biamo la consistenza diversa , colla quale ci si
presentano i corpi. » (Moratelli.)

7.

Ma in parte alcuna ei più vivace ancora
Il suo poter d'intorno manifesta .

Il calorico combinato coll'ossigeno costituisce
l'aria vitale in forma di gaz , che s'insinua da-
pertutto , e la cui decomposizione si manifesta
negli effetti della combustione. Le piriti, o sol-
furi esistenti negli strati de' geantráci e litantra-
ci non si riscaldano che al contatto del calo-
rico sprigionato dal gaz ossigeno; e questo ri-
scaldamento è capace di scomporre l'acqua stes-

sa ne' suoi principj, e produrre quell' incendio nelle viscere de' Vulcani, che si manifesta sotto mille apparenze.

8.

Finch' ebbe scemo di ragione il lume.

Qualor si voglia gittare uno sguardo sul corso dell' umana ragione, piacevole sarà sempre l'osservar che l'uomo, in ogni epoca, spiegar volle i portenti della natura a norma de' dominanti pregiudizj ed opinioni. Di fatti, nella infanzia della ragione, gli uomini, i quali in tuttociò che destava in loro sorpresa o terrore ravvisar solevano una divinità, credettero che i monti ignivomi fussero l'albergo de'Numi.

9.

E ben del Ciel fù questo alto consiglio.

Eccomi a considerar queste prime opinioni degli uomini sotto l'aspetto, in cui piacque ancora di considerarle al nostro chiarissimo Vico. Egli in fatti ammira la Divina Provvidenza, la quale adoprò le vie del timore per richiamare a men nefandi costumi la razza umana, che dopo il Diluvio andava errando per la gran

selva della terra in traccia di sussistenze ; e che
inseguendo le donne ritrose , e giacendo con
queste bestialmente , procreava incerta prole.

10

E l' uom tremando riconobbe un Nume .

È comune credenza che gli uomini rammen-
tati si fussero della Divinità *Cælo tonante:*
Gio:Battista Vico sostiene sù tal proposito che
non prima di duecento anni dopo del Diluvio
il Cielo avesse ricominciato a tuonare . E fù
allora , secondo lui , che gli uomini erranti,
presi d'alto terrore, rifuggironsi nelle caverne;
dove soggiornando lungo tempo , incominciarono
a celebrar certi e pudichi connubj , prima base
di ogni società . Ed a ciò egli crede che allu-
der voglia la favola di Prometeo incatenato sul
Caucaso . Io non sò con quanta ragione Vico
assegni ducento anni di silenzio al Cielo dopo
del Diluvio : ma non ardirò certamente impu-
gnare il sentimento di un grand'uomo, per cui
ho sì gran venerazione . Siccome intanto cia-
scuno ha il dritto di far delle congetture, pur-
chè si diparta da ipotesi, se non vere, almeno
verisimili ; così mi sia permesso sù tal propo-
sito di espor le mie, quali che elleno siensi.
Io credo dunque di poter sostenere con fon-

e 3

damento, che le esplósioni vulcaniche del pa▪
ri, che i tuoni, ed i fulmini del cielo riaccen-
der poterono nel cuor dell' uomo il sacro foco
della Religione.

E s'incominci dal riflettere, che il primo
cielo, cioè il primo albergo della Divinità fù
supposto sulle cime de' monti. Di fatti l'Olim-
po prestò il suo nome alla reggia di Giove:
ed Olimpo in Greco linguaggio significa *totus*
lucens; e sull'Olimpo si finse in seguito esser-
si imposti da' Giganti il Pelio, e l'Ossa: e noi
avrem campo di dimostrar fra poco che code-
sta favola non potette provenir, che da qual-
che spaventosa eruzione di uno di que' monti.

Riflettasi in secondo luogo che tutte le Istorie
Sacre, e profane fanno menzione di un Diluvio;
e questo dovè inumidir la superficie della ter-
ra in guisa che l'acqua ne penetrasse i più
profondi strati. Ora ognun sà, che le vulcani-
che accensioni vengono principalmente prodot-
te da una copia prodigiosa di materie combu-
stibili sepolte nelle viscere della terra, consi-
stenti principalmente nel carbon fossile anima-
le e ne' solfuri, che sogliono al contatto dell'
acqua concepire un certo movimento interno
che li dispone alla combustione. È quindi pro-
babile che dopo del Diluvio vi fossero stati molti
vulcani in piena attività, i di cui incendj incu▪
ter dovettero negli uomini un salutar terrore;

e facendo rinascere in essi la idea di un'Ente supremo e Creatore, diede loro altresì campo di credere, che que' monti ignivomi fussero il soggiorno favorito della Divinità.

Osservo finalmente che il fuoco fu il primo nume de' Persiani. Ed appunto nella Persia, e propriamente nella contrada del Ghilan, havvi da tempo immemorabile un terreno ardente, che que' popoli credono tuttavia il soggiorno favorito di un Dio.

II.

È slanciato dagli astri in terra giacque.

Nella prima infanzia dell'umana ragione, abbiam veduto che il cielo fu creduto non esser più alto delle cime de' monti. Sviluppandosi poi maggiormente l'umano intelletto, ed ampliandosi successivamente le idee, la reggia del Dio massimo fu inalzata al di là delle nubi. Le cime de' monti cominciaronsi a riputare troppo indecente albergo di Giove. Ma serbandosi ancora per quelle un sacro terrore, nascer dovette la favola di Vulcano, posteriore senza dubbio a quella di Giove Olimpico. Gli alti monti sono per lo più il richiamo delle procelle, che sulle lor vette vanno a scaricar l'elettricismo onde son pregne : ed alcuni di questi monti sono essi stessi gravidi di fuoco di fulmini e di tempeste. Siccome dunque fu visto che i monti erano, per dir così, il ricettacolo de' fulmini e del fuoco; siccome i fulmini eransi creduti da principio l'arma favorita di Giove; così finger si dovette che un suo figlio, un Dio di secondo ordine albergasse in quelli e vi travagliasse i fulmini pel Padre. Perché poi tutti gli altri Dei già credevansi soggiornar nel cielo, così a giustificare il soggiorno di Vulcano sulla terra, fu detto che il Padre lo aveva cacciato dalla sua reggia per averlo visto nascere sì laido e deforme.

12.

Quindi allor per natura ognun Poeta.

Al dir di Vico i primi fondatori delle società furono Poeti teologi: cioè finsero colle loro robustissime fantasie divinità chimeriche e spaventose religioni.

13.

Fingea ne' monti o pur sepolti in quelli.

Eccoci alla favola de' Giganti, che dovette esser una delle ultime, alle quali i Vulcani diedero occasione.

Erano già surte le società. Avvenute erano già sanguinose dissensioni, o fralle famiglie de' forti per rivalità, o fra gli Eroi ed i famuli per l'albagìa de' primi e la miseria degli altri. Di queste guerre le posteriori generazioni conservar dovevano memoria, alterata però ne' suoi dettagli ed ingigantita dalla fantasìa non meno di chi avevale narrate, che di chi ascoltate le aveva. I figli della terra, uomini di smisurata grandezza; (ripeter dovevasi dal volgo); fecero un giorno guerra a' figli del cielo. Pieni di questa idea, videro essi forse l'Olimpo o altro monte a lui vicino vomitar fiamme: videro vortici immensi di fumo ergersi al cielo in mille strane e spaventevoli figure. Ecco nelle loro robustissime fantasìe divenir quel fumo una schiera di giganti, che dalla terra si sollevano a far guerra co'Celesti. Ricrescendo l'eruzione, il fumo e la cenere formar potettero, come suole avvenir d'ordinario, una specie di monte rovesciato sull'altro: ecco il Pelio imposto sull'Olimpo da que' Giganti, che ascender vogliono al cielo. Le eruzioni finalmente sogliono essere accompagnate da fulmini e tuoni spaventevoli: ed ecco allora Giove ed i figli del cielo fulminare gli orgogliosi Giganti. Cessata l'eruzione, i monti ritornarono al loro luogo; i Giganti sparirono: ecco l'alterata fantasìa degli spettatori suppor che i cadaveri degli estin-

ti ribelli giacer dovessero appunto sotto que'
monti istessi, che svelti avevano al cominciar
della pugna.

Ragionando in tal guisa, avremo coordinata
la serie delle diverse favole ordite sù i vulcani,
al progressivo e naturale sviluppo dell'umana
ragione. Quindi è che la prima di queste avrà
dovuto essere Giove fulminante sull'Olimpo,
perchè, come dicemmo, gli uomini incomincia-
rono dal credere che il cielo non fusse più al-
to delle cime de' monti; a norma poi che le
idee sulla Divinità s'ingrandivano, e la fanta-
sìa diveniva men robusta, nacquero le favole
di Vulcano e de'Giganti. L'ultima di tutte, co-
mechè la meno strana, dovette esser quella
de' Ciclopi socj di Vulcano nella fabbrica de'
fulmini di Giove. Dessi a buoni conti altro
non erano che i barbari abitanti dell'isola di
Sicilia. Furono creduti compagni di Vulcano,
perchè la fucina di questo Dio si fingeva sta-
bilita nell'Etna. Furono creduti monoculi o
per la deformità de' loro volti, o perchè, vi-
vendo nella più crassa ignoranza e da veri sel-
vaggi, allorchè i Fenicj gli Egizj ed i Greci già
inciviliti incominciarono a percorrere le diver-
se spiagge del Mediterraneo, si disse da questi
che gli abitanti di Sicilia non avevano che gli
occhi del corpo, essendo privi di quelli dello
spirito; cioè di ogni nozion morale civile e
politica.

Giuntosi così all'ultimo confine del soprannaturale, non restava che a fare un sol passo onde entrar nel vasto campo della Filosófia, e ricorrere alle cause naturali per esplicare i naturali fenomeni.

14.

Che ognor fu ingrato a' benefizj il mondo.

Di fatti è da credersi che sorgessero allora degli uomini, i quali, dotati di un più robusto raziocinio, si applicassero alla contemplazione della natura.

I primi fra questi però non potettero far altro che preparar con particolari indagini le vie a que' filosofi, che osarono in seguito erger lo sguardo agli universali. Come credere, p. e., che Talete, Anassimene, ed Anassagora avessero potuto formar de' sistemi generali, senza aver previamente acquistata una copia sufficiente di particolari cognizioni? E come imaginar che tutto ciò avesse potuto esser l'opera di una sola generazione? Suppor dunque conviene che prima di Talete di Anassimene etc. esistito avessero altri filosofi, i quali contentati si fussero di osservar la natura nelle sue particolari operazioni: uomini, che diedero campo così ai lor successori di foggiar sistemi generali; uomini, i di cui nomi rimasero a torto sepolti nell'oblio.

15.

E scuoter divampando allor la terra.

Il primo fra gli antichi, che sembra aver data una indiretta spiegazione degl' incendj Vulcanici in quella de' tremuoti, fu Anassagora di Clazomene. *In primis Anaxagoras existimat simili poene caussa, et aera concuti et terram : cum in inferiori parte spiritus, crassum aera, et in nubes coactum eadem vi, qua apud nos quoque nubila frangi solent, erumpit, et ignis ex hoc collisu nubium cursuque elisi aeris emicuit : hic ipse in obvia incurrit exitum quaerens ac divellit repugnantia, donec per angusta, aut nactus est viam exeundi ad coelum aut vi, et injuria fecit.* (*Sen. in Quaest. Natur.*)

16.

Scoppiar se inciampo al suo fuggir riceva.

Aristotele sembra che attribuisca ed i tremuoti e le vulcaniche accensioni ad una stessa causa, cioè *alla collision dello spirito*. Per questo *spirito*, ch' egli distingue dalle esalazioni e che riconosce causa eziandio del fulmine; par ch'egli intenda il fluido elettrico, confusamente sentito e non pienamente compreso dagli antichi fisici. Dice egli avvenire il tremuoto allorchè codesto spirito, tentando uscir fuori dalle cavità sotterranee, vien respinto o dalle onde del mare o da altro ostacolo. Sù tal proposito egli parla di una delle isole Eolie chiamata Hiera, che dovette in quel tempo ardere spaventevolmente; attribuendo un sì terribile fenomeno appunto alla sopradetta *collision dello spirito*. (Vedi Aristotele *de Metereologicis*.)

17.

Per nuove fole ad insanir costretto.

Gli uomini furono e saran sempre gl' istessi. L' orgoglio e l'amor di novità gli allontana sempre dal vero nel momento, in cui più vi si avvicinano.

18.

Fluìr sotterra, e traboccar da' monti.

E però, mentre che Anassagora, Aristotile ed altri avevano, se non altro, dischiuse almeno le vie della verità, incominciarono riguardo ai vulcani a prender voga delle idee più strane e pressochè favolose. Empedocle, seguito poi da Lucrezio e Cicerone, credè ravvisar nell'esi-

stenza di un fuoco sotterraneo ed eterno la cau-
sa produttrice de' vulcani.

19.

Respirasse fiammando ei pur fingea.

Ma più stravagante fu l'opinion de' Pitagorici
e Platonici, ripetuta da Ovidio in que' versi.
Sive est animal tellus, et vivit habetque
Spiramenta locis flammam exhalantia multis.

20.

In quai follie novelle è l'uomo incorso?

Plinio non fa parola di quel, che disse egli
stesso, e Seneca prima di lui, in quanto ai
vulcani; poichè essi non fecero che riferir pres-
so a poco le opinioni degli altri.

21.

Tornò, qual prìa, la legge ignota e oscura.

Ricaduto l'uman genere nella barbarie, al-
lorchè volle trarsene di nuovo, dovè ricalcar
la strada istessa, che aveva la prima volta per-
corsa.

22

Il duol disfoga in eterno singulto.

Se dunque gli uomini, nell'uscir dalla prima barbarie, credettero ravvisar ne' vulcani o l'albergo o i prodigj della Divinità; nel trarsi dalla seconda, allorchè dominavano più le superstizioni che il vero spirito del cristianesimo, considerarono del pari quelle ardenti montagne, come tante bocche d'Inferno, onde credevano finanche udir le grida de' dannati: credenza, che vive tuttora appo gl'Islandesi.

23.

Favoleggiò che i monti infiammi e scuota.

Quindi ragionandosi sempre a norma de' dominanti pregiudizj, poichè l'Astrologia Giudiziaria divenne uno studio favorito, s'incominciarono ad attribuir le accensioni vulcaniche ai raggi solari o all'influenza delle stelle.

24.

L'Italia nostra fu, l'Italia nostra.

Risorgendo in Italia ogni scienza e letteratura, rinacque eziandio lo studio delle cose na-

turali, e si vide una folla di scrittori ragionar
de' vulcani chi di proposito e chi occasional-
mente.

25.

Qual prima ignota, e forse ancor vi dura.

Tutti convennero sulla natura di questi fuo-
chi ; niuno fù d'accordo sulle cause gene-
rali che li producono.

Il riferire i diversi sentimenti di coloro, che
scrissero sino alla metà del secolo passato sù
tal fenomeno, riuscirebbe troppo lungo e no-
joso. Mi contenterò pertanto di accennarne
brevemente i più rimarchevoli o più strani.

Il Cardano si avvicinò assai alla più moder-
na teoria de' vulcani. Egli, nel suo libro *de
subtilitate*, opinò che il bitume e lo zolfo com-
binati colle onde del mare producessero gl'in-
cendj de' monti.

Il Fazzello fù d'avviso, parlando dell'Etna,
che il movimento del mare introducesse nelle
sue caverne de' venti impetuosi, i quali vi at-
tizzassero il fuoco. Il Bembo fù della medesi-
ma opinione.

Descartes ragionò sù tal proposito presso a
poco nel modo seguente. Le esalazioni non
compongono altro che l'aria pura; e mescolate
ai succhi acidi della terra ed alle parti ramose

ed altre terree particelle, formano lo zolfo, il bitume e gli altri minerali ; e finalmente in olio si trasmutano , se restino prive di movimento . Allorchè dette esalazioni vengono for= temente agitate, se si uniscono in gran quantità in una qualche sotterranea caverna, compongono alcuni fumi crassi niente diversi da quelli di una candela smorzata : or se in tal sito si risvegli qualche scintilla di fuoco, que' fumi si accendono, e diradandosi, scuotono le pareti della caverna, onde nasce il tremuoto . Ma può stare che la terra si apra a quella scossa, ed allora i fuochi traboccan fuori . Il che avviene meglio ne' monti per esser cavernosi.

Da questa spiegazione si potrà facilmente dedurre quanto ancora stesse indietro l'Europa a' tempi di Cartesio, in riguardo alle Scienze fisiche .

È degna di esser menzionata un' opera del Crucio intitolata *Vesuvius ardens.* L'autore, essendo medico, volle medicamente spiegar le eruzioni de' monti , considerandole come una malattia del globo . Egli accoppia in quest' o= pera le idee più strane e ridicole alla più pro= fonda erudizione .

Il Mecatti nel suo Racconto Istorico del Ve= suvio, opinò che le acque del mare ed i venti sotterranei fomentassero il fuoco del Vesuvio. Ingegnosa è la spiegazione, ch'egli porge delle eruzioni di cenere; attribuendole ad una gran

quantità di acqua marina, che si versi sul fuo-
co del Vulcano , quando le precedenti scosse
abbiano maggiormente dilatati i canali di com-
municazione fra questo ed il mare.

Il P. della Torre attribuì il fuoco del Vesu-
vio all'effervescenza delle materie bituminose
e metalliche , di cui quel monte è composto;
effervescenza, che si decide dal contatto dell'a-
ria e dell'acqua. Par che grave imbarazzo gli
avesse dato la lunga età de' Vulcani; giacché
si affatica a provar che il cono del Vesuvio
poteva esser capiente di tutte le materie erut-
tate dal 79 fino a' giorni suoi . E sembra che
il suo ingegnoso ritrovato avesse per alcun po-
co piaciuto ad altri; imperocché ho veduto ne-
gli atti dell'Accademia di Cortona e nelle Dis-
quisizioni Elvetiche chi si diverte a far l'istesso
calcolo. Io tralascio di riferir queste picciole-
lezze perché caderei in troppe lungherie . Ma
chi avesse voglia di ridere potrà riscontrar
questi graziosi calcoli nelle opere da me citate.
. Il chiarissimo Buffon nella sua Teoria della
Terra parlò a lungo de' Vulcani. Non è però
possibile il comprendere, come un genio si va-
sto ed un sì profondo ragionatore abbia accu-
mulato sù questo argomento un sì gran nume-
ro di errori e contradizioni. Ciò non puole at-
tribuirsi ad altro che all'avere egli ragionato
sù de' vulcani tradizionalmente; poiché sembra

che non ne abbia giammai osservato alcuno in attività.

Egli incomincia il suo ragionamento col sostenere, che il fomite de'vulcani non sia molto lungi dalla di loro cima. Or chi crederebbe, che dopo aver piantata una tal proposizione, nell'accingersi a provarla, dica : esservi apparenza che Napoli sia posta sù d'un terreno vuoto e ripieno di minerali ardenti; giacchè il Vesuvio e la Solfatara sembrano aver *communicazione interna , e quando il primo arde , la seconda getta delle fiamme ?*

Prima di tutto noi altri Napoletani veggiam pur troppo la falsità di questa asserzione. Ma volendo pur'anche ammetterla , converrebbe supporre il fomite di questi due Vulcani a tal profondità, che due bocche distanti l'una dall' altra molte miglia , potessero egualmente servirgli di sfogatojo .

Il Sig. Buffon , parlando in seguito dell'acqua, che rigettano talvolta i Vulcani , sostiene che questa *è certamente l'acqua delle piogge , che penetra per le fenditure , e si raccoglie nelle cavità*. Ma poco dopo asserisce *che i fuochi sotterranei , per agir con molta violenza , debbono esser vicini al mare , onde provar possano un urto contro un gran volume di acqua.* E più appresso aggiunge esser necessario *che le cavità de' Vulcani abbiano communicazio-*

ne col mare ; altrimenti non potrebbero vo-
mitar quella immensa quantità di acqua, nè
fare alcuna eruzione.

Egli è vero, che per conciliar fra loro tante
contradizioni, egli soggiunge *che non è neces-
sario supporre il fuoco de' Vulcani al livello
del mare, o più abbasso : ma che basta am-
mettere in essi delle caverne e fenditure per-
pendicolari al di sotto, o piuttosto accanto
al fuoco, le quali servano di tubi aspiratorj
e di fornelli al Vulcano.* Ma questi tubi aspi-
ratorj, ch'egli qui ammette, poche pagine in-
nanzi gli aveva contradetti al Signor Bridone,
esprimendosi in tal guisa: *Io stimo troppo que-
sto Scrittore per credere ch' ei voglia disgu-
starsi, se io non sono del suo avviso sulla
potenza di succione de' Vulcani.* Sarebbe dun-
que difficile il determinare qual' idea abbiasi
formata riguardo ai Vulcani un autore, che
ad ogni pagina si contradice. E mi duole as-
sai l'aver dovuto rilevare che un si celebre na-
turalista, il quale ben a ragione ottenne co-
tanti applausi, e non lascerà di riscuoterne dal-
la più tarda posterità, abbia alquanto dormi-
tato nel ragionar de' Vulcani.

Tralascio di riferir molte altre congetture az-
zardate sù questo oggetto dagli Scrittori del
secolo andato, note al certo agli Studiosi delle
cose naturali e condannate all'obblio per le
ulteriori discoverte.

Nè io parlerò della recentissima, e più veri-
simile teorìa de' Vulcani, spezialmente di quel-
la accennata dal Signor Lippi nella sua Dis-
sertazione sulla utilità della Parte Vulcanica,
e più diffusamente esposta dal Signor Giuseppe
Melograni nel suo Manuale Geologico: giacchè
dovendo Plinio svilupparne la vera, come fin-
ge il poeta, nel canto seguente, riserberò a
lui l'onore di dir ciocchè dalla presente gene-
razione si è discoverto ed opinato sù tal pro-
posito.

Fine delle annotazioni al terzo canto.

CANTO IV.

1.

Ruppemi 'l ragionar tuono improvviso
E forte sì che palpitar mi fece.
Guatommi allora il Duce in un sorriso
Che rincorommi, e quel terror disfece,
Che avevami dapprima il cor conquiso;
E mi disse: mortal, qui non ti lece
Tremar se saper vuoi. Tu meco sei:
Quindi securo, e paventar non dei.

2.

Noi siam qui presso all'orrida fucina.
E già preme il tuo piè la base interna,
Ch'è fulcro al mondo, e che non mai declina;
Arcana granitosa immota eterna. (1)
Moltiplice stratosa ampia vagina
Ricovre appien la sua parete esterna;
Sù cui, come in suo tron, siede natura,
E nel silenzio i parti suoi matura.

3.

Ancor diceva, ed ecco un mormorio,
Qual di precipitosa onda, vi ascolto:
E corsemi di gel per l' ossa un rio;
E fui del verno in l'aspra veste avvolto.
Ed or ch'è questo, al condottier diss'io,
Scrosciar di fiume in questi gorghi accolto?
Presso al foco noi siam, tu dici; e intanto
Agghiacciar già mi sento al foco accanto.

4.

Quel che ascolti non è, rispose il Duce,
Scrosciar di fiume: è sibilar di venti. (2)
Se giel ti fece ed a tremar t'induce;
Ciò avvien perchè qui l'aure più tepenti
Non riedon per la nuova iberna luce;
Nè furon mai pe'l crudo verno algenti.
Sempre quaggiù calor medesmo ha sede;
Nè al volger di stagion mai cresce o cede. (3)

5.

Cotal sapienza all'Universo è scorta,
Ch'ove una forza istessa oprar non puote,
Cagion diversa ai stessi effetti è sorta.
Se 'l calor quindi sol ravviva e scuote
Natura, e al bell' oprar la riconforta;
Ove del sol le rilucenti ruote
Destar no 'l ponno, altro motor la desta;
Sicch'ella inerte appien giammai non resta.

6.

Perciò fermento /universal sotterra
Vive eterno uniforme : e sua cagione
È il mescersi di que', che 'n se rinserra
Infiammabili corpi esta prigione.
Ove manca la luce, insiem fan guerra
Zolfo, bitume e fossile carbone
E metalli e vapori ed aere ed onda,
Il cui ferver natura ognor feconda.

7.

Ferimmi allor le luci un raggio vivo
Sì, che la destra a lor difesa io trassi :
E pe 'l cieco sentier vieppiù declivo,
Assai più lenti e men securi i passi
Mi fù forza alternar sù torbo rivo,
Fra scabre mura e dirupati massi.
Ma fù breve il cammin ; che 'n poch' istanti
Schiuso vidi l'Averno a me d'innanti.

8.

Nell'ampio sen di sì vasta caverna,
Che sarebbe quassù provincia o regno :
Caverna tal ch' ogni sua parte interna
Dello sguardo mortal sorpassa il segno ;
E a cui ben cento rupi in sempiterna
Base poggianti, son saldo sostegno ;
Un mar vid'io bollente ; un mar di foco ;
Di foco tal, che ogni altra fiamma è poco.

9.

Immense volte ed abbronzate e nere
Fan coverchio a quel mar, cui calma è ignota
L'aer v' è denso : e'n glomerate sfere
Fetido fumo eterno ognor vi nuota ;
Onde talor fugge guizzando, e fere
Le pareti ed il suol fulminea ruota.
Lo stuol delle caverne allor risponde
Con cupe lunghe voci fremebonde.

10.

Pugna eterna colà di vento suona, (4)
Che d' ogni parte impetüoso piomba
Sulla fornace, e ad arder più la sprona.
All'urto, il lago più terribil romba ;
E stuol di sassi dal suo sen sprigiona,
Che crepitando ascende e poi ripiomba.
Vedi allor tu le volte in mille lochi
Di faci asperse e di fiammelle e fuochi.

11.

Miri sovente all'infernal palude
Enfiarsi il grembo, e sorger lentamente
Sferico flutto, ch' entro se rinchiude
Ministro all'opra un vaporoso agente. (5)
Così miri talor che si dischiude
Del vento all'urto scuotitor, bollente
Vitrea massa ; che poscia in guise esperte
In tazza o speglio industre man converte ;

12.

Allo spettacol novo e grande e fero,
Restaimi immoto e taciturno e bianco.
Ma poi che lo stupor cesse al pensiero,
A lui, che ognor mi si teneva a fianco;
Gridai: che tu mi sveli or ben io spero
Quel, che veggio, e che pur capire unquanco
Mal potrebbe mortal. Sorrise il vecchio;
E disse: intendi al mio parlar l'orecchio.

13.

La primiera del mondo oscura veste (6)
Tutta cospersa ell'è, tu il vedi, e piena
D'infiammabili pietre appien conteste
Di ferro e zolfo. Inesauribil vena
Di tai sostanze a divampar sì preste
Lo stuol de' litantraci in se raffrena: (7)
E 'n queste sol ravvisa il fonte eterno,
Per cui divampa ognor codesto inferno.

14.

In ogni parte; ed ove men tu'l pensi,
Si accendon quelle pietre, allor che miste
A rivo acquoso, a suggerne elle diensi
L'ossigen, sì che nova forza acquiste
Il foco elementar, che'n lor contiensi. (8)
Tosto però, dove non sien frammiste
A fossili carboni, a crasso umore,
Langue e si spegne il mal nudrito ardore. (9)

15.

E quel viscoso umor, che l'alimenta,
Figlio è del mar. Però sulle sue sponde
Vedi tu che giammai non si rallenta
Codesta fiamma. E se talor s'asconde,
Ovver mirasi ancor del tutto spenta,
Convien che manchi il forte spron dell'onde.
Principio le piriti, esca il bitume
Son dunque ognor del ribollente fiume.

16.

Scisso de' campi il sen da questo foco, (10)
Sassi roventi e liquidi metalli
Cumularonsi intorno all'igneo loco.
Poi colmate le sponde e gl'intervalli,
In coni enormi e saldi a poco a poco
Cangiàrsi le pianure e l'ampie valli;
Che ripetendo ognor l'orrida festa,
Ersero infino al Ciel l'audace testa.

17.

Tutti raccoglie l'infernal fucina
Gli estranei corpi, e tutti insiem li mesce
Vitrifica o pur fonde o pur calcina;
E più furente ognor ribolle e cresce,
Supplendo al vuoto con nova rapina;
Sicchè sempre struggendo ognor s'accresce.
Perciò miri talor ne' suoi torrenti
Duri e frigidi sassi o fusi o ardenti. (11)

18.

Vive tranquilla ógnor codesta vampa,
Se in lieve massa il suo furor disfoga.
Ma più forte talor ferve e divampa,
Se vasti corpi il poter suo disloga.
E allora avvien che 'l monte intero avvampa,
Sì che nell'alta infrenabil sua foga
Tutto distrugge a se d'intorno, e spesso
Pur vibra i colpi a lacerar se stesso. (12)

19.

Sovente allor dell'igneo turbo intorno
Raggrupparsi le nubi, e largo fiume
Vedi versar del monte in sul contorno. (13)
Poichè l'aer, per natural costume
All'equilibrio intento, in quel soggiorno
Veloce accorre, u'manca il suo volume;
E tutte spinge in cerchio a quella sponda
L'acquose parti, ond'ei pur sempre abbonda.

20.

Cinto il monte così di quegli umori,
Cui freno è ognor l'elettrica sostanza;
Qualora avvien che ne'suoi novi ardori
Scemo è di lei, che nelle nubi avanza,
Tosto dal sen degli umidi vapori
A se l'attrae per natural possanza.
Sicchè, divelto il fulcro, a cui s'appoggia,
Vedi la nube allor disciolta in pioggia.

21.

Nè ti rechi stupor, se questa face
Eterna vive e 'n mille lochi splende,
Ed a dispetto ancor del tempo edace. (14)
Che la cagion, che sì la nudre e accende,
Pur vive eterna; e 'l salutar seguace
Effetto al par di quella eterno rende. (15)
Dell' uom divora il tempo ogni opra inferma
L' opre sol di natura ognor conferma.

22.

Qui tacque il Duce ed inarcò le ciglia,
Com' uom, cui novo e insiem funesto obbietto
Di spavento ricolmi e meraviglia.
Ed io, che scorsi il novo suo sospetto,
Gli dissi: a paventar che ti consiglia?
E a lui mi strinsi palpitando in petto.
Poscia, col mio lo sguardo suo seguendo,
La causa alfin del suo stupor comprendo.

23.

Sulla contraria riva io scorgo un monte,
Che saldo star parea sù base immota,
Lento avvallarsi ed inclinar la fronte
Spinto da forza imperïosa e ignota.
E retro a lui spicciar sì largo fonte
Ch' empìa tosto una valle immensa, e vuota,
Ch' è questo? allor gridai. Tacito e ratto
Femmi il veglio fuggir per lungo tratto.

24.

Fermossi poscia ; e lieto allor diceva :
Qui sei securo ; or guata e in un m' ascolta.
Gran tempo egli è ch' esto foco rodeva
Di quel poggio la base . Alfin disciolta
Ei l' ave appien . Però lento s'aggreva
Il masso , a cui ogni fermezza è tolta .
E or' or vedrai 'l piombar precipitoso
Tutto nel foco , e rimanervi ascoso.

25.

Quell' onda poi , che retro a lui s' ingrossa ,
Onda è del mar. Precluso ogni sentiero
La rupe ancor di quello all' alta possa
Tenea . Ma poichè cede al novo impero ,
Ed è dall'altro mar tutta rimossa ,
Dischiuso il varco appien lascia al primiero ,
E ben vedrai come il bollor qui cresca ,
Se col foco la rupe e 'l mar si mesca.

26.

Ancor diceva ; e qual da' monti suole
Sasso piombar , che svelto sia da' venti ;
Cader così vegg' io l' immensa mole ,
E con orribil mugghio , in le frementi
Del tempestoso lago avare gole .
L' argin divelto , straripar torrenti
In folla io miro , e rovesciarsi a gara
Per cento vie sulla bollente ghiara .

27.

Qual mirasi talor cangiato in onda
Per poi cangiarsi in fulmine di Marte,
Fluir tranquillo in l'ordinata sponda
Il ferro o il bronzo obbediente all'arte;
Se lieve stilla in lui d'umor s'infonda,
Scoppia tuonando; e conquassate e sparte
Van le fragili ripe; e'l fabbro istesso
Al suol tramazza e lacerato e oppresso:

28.

Dell'eterno inimico al primo aspetto,
Vid'io così quell'infernal riviera
Agitarsi nel suo tartareo letto,
E scoppiando vibrar fulminea schiera.
All'alto orror del novo suo dispetto
Geme tremando il suol; l'aer s'annera;
Ululan le caverne; e par che tutto
Crolli 'l monte dal suo furor destrutto.

29.

Il mastro allor fè volgermi le spalle
Al crescente periglio, e i passi e'l volto
Al risalir del pria disceso calle.
E benchè in doppia oscurità ravvolto,
Mi trasse in sen de la secura valle;
U' fui dal buon pastor piangendo accolto.
Colà ristette il Duce; e questi accenti
Sciolse, che fienmi all'alma ognor presenti:

3o.

Mortal, vedesti : e verità non mai
Ad uom si chiara apparve : or vanne, ascendi
Sul poggio ; e tosto il tempestar vedrai
Del fier Vesevo, e i sdegni suoi tremendi.
Allor, se grato al Duce esser vorrai,
Mercede a lui nel benefizio rendi.
Percorri allor la desolata sponda ;
E al commun pianto il pianto tuo risponda.

3i.

Disse : e qual nube all' aleggiar del vento,
Dileguossi quell' ombra al mio cospetto.
Più che col ciglio a lui coll' alma intento
Rimasi, e pien di riverenza il petto.
Ed a quel novo ed improvviso evento
Tornò del pastorel bianco l' aspetto.
Quindi egli pien di tema, io di pensiero,
Incominciammo a gir pe 'l rio sentiero.

Fine del quarto canto.

ANNOTAZIONI AL QUARTO CANTO.

1.

Arcana, granitosa, immota, eterna.

L' opinione oggidì più generalmente ricevuta si è che i vulcani ardano nelle prime sedi delle rocce secondarie, dove gli strati immensi di geantraci e litantraci ed altre materie schistose ed infiammabili, miste alle diverse piriti, formano l' alimento di essi.

2.

Scrosciar di fiume; è sibilar di venti.

Sembra indubitato che nelle cavità sotterranee debbano spirar talvolta de' venti impetuosi. Merita di esser qui riferita una particolarità appartenente al nostro vulcano. Francesco Geri, giardiniere della Real Villa di Portici nel secolo andato, riferisce in una sua lettera di essere stato condotto ad osservar sulle falde del Vesuvio una specie di spiraglio o sfogatojo, onde udivasi un continuo e forte rumore, simile del tutto a quello di un torrente. Egli soggiugne di aver compreso, dopo due giorni di osservazioni, esser quello scroscio cagionato dai venti sotterranei; poiché cresceva o diminuiva , secondo che l'aria era più o meno agitata. Questo spiraglio esiste tutt'ora ; e al riferir di que' paesani, nell'eruzione del 1794 si convertì in una mofeta sì pestifera che soffogava tutti quegli animali , che vi si avvicinavano a venti o trenta passi.

3.

Né al volger di stagion mai cresce o cede.

L'equabilità costante della temperatura sotterranea è un argomento incontestabile del continuo ed insensibile fermento, che sotterra anima la natura.

4.

Pugna eterna colà di vento suona.

Se spirano sotterra de' venti, è forza che spirar debbano principalmente ove l'aria viene a rarefarsi pe' fuochi vulcanici.

5.

Ministro all'opra un vaporoso agente.

Se la sede de' fuochi vulcanici è sì profonda, qual'è la forza, che spinge le materie infiammate fin sulla cima de'monti? Alcuni credono che il continuo e violento sviluppo de' gaz e dell'aria rarefatta le faccia gonfiare ed inalzarsi, nel modo istesso, in cui il vetro fuso si gonfia al soffiar dell'artefice; e che queste immense bolle vengano a rompersi con violenza contro le pareti del monte; in guisaché una parte de' frantumi esca fuori per le voragini, che ritrovansi già formate, o che si formano agli urti replicati di quelle materie.

.6.

La primiera del mondo oscura veste.

Cioè il dorso delle rocce primitive . Poiché le sostanze infiammabili giacciono nel fondo delle montagne secondarie . (*Vedi il citato Man. Geol.*).

7.

Lo stuol de' litantraci in se raffrena.

Le terre calcari, ed argillose, combinate cogli olj e perduta la lor gravità specifica, vanno a deporsi nel fondo delle acque, dove formano gl'immensi e profondi strati de' geantraci e litantraci . (*Vedi il Man. Geol.*).

8.

Il foco elementar, che'n lor contiensi.

Gli strati degli scisti infiammabili delle marne bituminose e i depositi immensi degli antraciti e litantraci contengono dei cumuli di solfuri o piriti, le quali cadono in effervescenza tosto che vengano a contatto coll'acqua.

9.

Langue e si spegne il mal nudrito ardore.

I solfuri però non sarebbero sufficienti a nudrir sì lungo tempo il fuoco de' Vulcani. Credesi perciò che l'esca di questo sia il bitume o il carbon fossile, e specialmente quel che viene dal regno animale, che si genera di continuo dallo sfacelo e putrefazione de' corpi marini. Il Sig. Bergman osserva che il denso fumo, il quale sgorga da' vulcani, v' indica l'esistenza delle materie bituminose; e che le ceneri vulcaniche danno gli stessi principj dell'argilla scisto-bituminosa bruciata.

Questa opinione confermasi dal vedere che tutt'i vulcani in attività sono sulle sponde del mare, e sembrano aver con questo una diretta communicazione. Di fatti il sal marino s'incon-

tra sovente nelle cavità de' Vulcani, e talvolta
sfiorisce anche dalle fenditure delle lave. Il Si-
gnor Patrin sostiene che i vulcani in attività
non si ritrovano, che dove il sal marino è più
abbondante. I Signori Comi e Thouvenel han-
no ritrovato del gaz acido muriatico uscente
dalle fumarole di Vulcano , prodotto senza
dubbio dalla volatilizzazione dell'acido sommi-
nistrato dal sal marino. Ma sù tal punto sem-
brano esser d'accordo tutt'i Fisici, e superfluo
sarebbe il discorrerne di vantaggio.

10.

Scisso de' campi il sen da questo foco.

La formazione de' monti vulcanici è l'opera
de'fuochi sotterranei, che squarciando le visce-
re della terra, hanno accumulato intorno alle
aperte voragini una quantità immensa di ma-
terie , formando così a poco a poco degli alti
coni. Nè la forma singolare de' vulcani puole
attribuirsi ad altro che al getto continuo delle
materie, le quali, uscendo liquide o trite dalla
voragine, sono ricadute sull'orlo rotolando in
maggior quantità verso la base.

Duri e frigidi sassi o fusi o ardenti.

Convien distinguere fralle materie vulcaniche
quelle, che operano l'accensione, e quelle, che
dal fuoco vengono alterate e slanciate fuori.
Le prime già vedemmo esser le piriti, il carbon
fossile animale ed il bitume che si manifesta
sotto le varie forme di malta, di asfalto, di
pece di giudea, di succino, di etere &c.

In quanto alle materie, dirò così, passive
prodotte da' vulcani, son queste in gran nume-
ro e varietà.

Que' torrenti di pietre fuse, che sgorgano tal-
volta da'fianchi o dalla vetta de'monti, son co-
nosciuti sotto il nome di lave. Di queste, al-
cune son *compatte*, altre *porose*. Le lor mas-
se sono per lo più argillose. Veggonsi talvolta
in esse i *piroxeni*, l'*ornimblenda*, l'*idocrasi*, il
peridot, la *mica*: sostanze conosciute finora sot-
to il nome di *sorli*, *granati*, *crisoliti* &c.

Il *basalte* credesi produzione egualmente vul-
canica. Alcuni sospettano, e non senza fonda-
mento, che sia esso la roccia constituente le
contrade vulcaniche e di fatti pare dalle osser-
vazioni che sia il compagno indivisibile del car-
bon fossile: è composto di allumina, calce e
ferro.

Anche le *pomici* son prodotto vulcanico. Se ne ritrovano in prodigiosa quantità nell' isola di Lipari : sono a base *feldspatica*: vi si osservano de'frammenti di *silice* e *mica* cristallizzati.

Veggonsi talora ne' vulcani de' vetri o smalti prodotti dalla violenza del fuoco , e di varia forma e colore .

La *puzzolana* non è che un cemento naturale formato dalle scorie e dalle lave pulverulente. Ella è ora *basaltica* ora *argillosa* or *porosa*. Ve ne ha di quella, la di cui origine è dovuta alle pomici infrante e polverizzate.

Le sostanze minerali e saline prodotte da'vulcani sono : I. Lo *zolfo* : che si ritrova or pulverulento e sublimato, ora cristallizzato: II. Il *solfato di ferro* : III. Il *solfato di allumìna* : IV. Il *muriato di soda* : V. Il *carbonato di soda* : VI. Il *muriato di ammoniaca*.

12.

Pur vibra i colpi a lacerar se stesso.

Lo stato di tranquillità o di agitazione, in cui veggonsi i vulcani senza periodo determinato , non deve da altro ripetersi che dalla maggiore o minor quantità di materie, che vi si pongono in istato di combustione . Forse, secondo che il mare somministra più o meno bitume, il fuoco vulcanico cresce o decresce.

Generalmente i vulcani hanno i lor periodi di riposo e di azione ; ma pressochè tutti in un modo diverso. Se dobbiamo, p. e., prestar fede ai viaggiatori , il· vulcano dell'isola di Ternate s'irrita o si calma, secondo che i venti divengono più o meno sensibili. Stromboli erutta senza alcuna interruzione le pietre roventi. Fu detto da taluni, che le esplosioni di questo vulcano accadessero ad ogni quarto d'ora. Spallanzani accurato osservatore smentisce questa asserzione , ed assicura che fra l'un getto e l'altro Stromboli non interpone mai più di 2, 3, o 4 minuti. Il Vesuvio si è visto talvolta rimaner parecchi anni in perfetto riposo. Tutti questi fenomeni, particolari a ciascun vulcano, provengono senz' altro da circostanze locali ed indeterminabili.

13.

Versar dell' igneo monte in sul conformo.

Le considerabili eruzioni de' vulcani sogliono essere spesso acompagnate da terribili inondazioni. Questo fenomeno è stato variamente spiegato finora. Chi l'attribuisce alle acque del mare risalite· fin nelle viscere del monte per forza di aspirazione : chi alle acque delle pioggio raccolte nelle cavità de' vulcani.

Il Sig. du Carla , in una sua Dissertazione,
pórge una spiega molta ingegnosa di codesto
fenomeno . Egli l' attribuisce alla violenta ra-
refazione dell' aria sovrapposta all' incendio .
» Divenuta questa più leggiera , (dice egli ,)
salirà verso ló Zenith : l'aria circostante afflui-
rà verso il monte e ripeterà con somma pre-
stezza l' istessa operazione , cedendo il campo
a nuove colonne d'aria fresca. » Egli prosiegue
dicendo, che ogni colonna di aria atmosferica
contiene tre piedi di acqua : tostocchè dunque
avrà subita la rarefazione , deporrà le moleco-
le acquose ad una certa altezza d' intorno al
monte ; ed allora l'acqua si accumulerà dila-
tandosi come un fluido , che cerca livellarsi ;
si condenserà e ritornerà finalmente acqua com-
mune cadendo in pioggia . L' autore fa il cal-
colo che una colonna di aria atmosferica dell'
altezza di circa 4400. tese potrà deporre i suoi
tre piedi di acqua in diciotto minuti : e che
ripetendosi ciò continuamente, ricaderà sul vul-
cano una inondazione di due pollici per ogni
minuto : inondazione ,. che ha in egual misura
di tempo una massa sessanta volte maggiore
di ogni diluvio conosciuto .

Egli termina con sostenere che ogni conside-
rabile eruzione dovrebbe essere accompagnata
da siffatte inondazioni; e che se ciò non sem-
pre avviene , deve solo attribuirsi ai venti , i

quali dissipano le molecole acquose, che vanno cumulandosi d'intorno ai vulcani.

Questa ingegnosa spiegazione vien per altro contradetta dal fatto. Abbiamo noi stessi veduto ardere il Vesuvio ne'mesi estivi, cioè in una stagione, in cui la nostra atmosfera viene agitata da' venti periodici e regolari: e pure tali incendj ora han prodotto delle orribili inondazioni, come nel 1794.; ed ora non ne hanno cagionata veruna, come nel 1806.

Il mio dotto amico Signor Michele Tenore sembra inclinato ad attribuir queste inondazioni all'elettricismo.

Egli crede che allora avvengano, quando il monte, ritrovandosi privo del fluido elettrico, assorbisca quello, che si contiene nelle nubi, le quali si affollano d'intorno all'incendio per la violenta rarefazion dell'aria. Allora sarà che, accadendo un forte squilibrio nelle dette nubi, dovranno necessariamente disciogliersi in dirotta pioggia.

14.

Ed a dispetto ancor del tempo edace.

Il numero de'vulcani ardenti ed estinti è molto maggiore di quel che si crede.

In quanto a' primi, quelli di Europa son

molto conosciuti . In Asia ardono le Isole di Banda , di Java , di Sumatra , delle Molucche , delle Filippine , del Giappone &c.

. In America ardon quelli di Nigaragua , di Arequipa , di Cotopaxi , di Mulahallo , di Pichincha , di Pacaìta . Ve ne hanno nelle Isole Papoys alla Terra del Fuoco , alle Antille , alle Azore , alle isole del Capo verde &c.

In Africa non se ne conta che un solo : ma questa è la parte del globo , che meno si conosce .

In quanto ai vulcani estinti se ne siegue un' immensa catena in Europa . Ella incomincia dalla Islanda , (de' di cui vulcani abbiam molti dettagli nelle lettere del Sig. Troil) : percorre le Isole di Stromo , di Feroe , di Shetland , le Orcadi , le Ebridi : quindi si rivede in Iscozia fino ad Edimbourg , ed in Irlanda per sino a Dunbar e Sterling : in Francia serpeggia dalla Brettagna a Marsiglia ed a Tolone ; se ne scorgono sovrattutto nel Vivarese : ricomparisce in Ispagna , in Portogallo , in Sardegna , e sopratutto in Italia e sugli Appennini . Da Civita Castellana fino a Napoli , secondo le osservazioni di Spallanzani non s'incontrano che monti Vulcanici . Il Lago Averno e quello di Agnano sonosi creduti dallo stesso Autore altrettanti crateri di Vulcani estinti . Niuno ignora che Ischia ed il monte di Castell' a Mare ardessero una volta' pur' essi ; Il Signor Pilla ci ha descritti , sebbene in barbaro stile , gli estinti Vulcani di Rocca Monfina : il Signor. Melograni nel suo. pregiatissimo Manuale ci dà notizia di quello di Vulture . Le Isole Eolie arsero tutte in tempi diversi . Proseguendo a percorrere la sopradetta catena , mirasi abbracciar le Isole dell' Arcipelago, la Dalmazia, l'Ungheria , e si prolunga fin verso il Reno , accostandosi a Strasbourg . I vulcani estinti sono in numero molto maggiore di quelli che ardono tuttavia , e sembrano aver bruciato in epoche fra loro molto diverse.

Oltre ai Vulcani estinti o tuttavia in attività s'incontrano in alcune contrade, e specialmente in Italia de' così detti terreni o fontane ardenti , consistenti in un picciol cratere argilloso, da cui sviluppasi continuamente dell' aria infiammabile , che presenta talvolta in tempo di notte il grazioso spettacolo di una vampa non dissimile da quella de' fuochi fatui . Il più celebre fra questi è quello di Pietra Mala situato negli Appennini fra Firenze e Bologna . Se ne vede un' altra nel Piacentino poco lungi dalla famosa città di Velleja scoverta il secolo scorso . Chi voglia acquistar maggiori notizie di questi terreni ardenti legga le Memorie del Signor Alessandro Volta .

Si è molto detto sulla possibilità di communicazione fra i vulcani: ed il veder che l'azione de' fuochi sotterranei siasi sempre sviluppata per linee continuate, ha accresciuto la probabilità di una congettura, che non potrà mai acquistare un maggior grado di solidità.

Mi sorprende però il vedere che alcuni fisici si sono sforzati di provare una tal communicazione, adducendo l'esempio di qualche simultanea eruzione avvenuta in due vulcani non molto fra loro distanti. Io penso al contrario che ciò nuocer debba alla congettura: giacché, se mai nel nucleo della terra esistono veramente de' meati d'onde il fuoco sbocca or nell'un canto, or nell'altro, è più verisimile allora che quando un vulcano è in attività, gli altri debbano tacere. Ma una tal discussione apparterrà sempre alla classe di quelle quistioni che non si terminano giammai per macanza di dati.

15.

Effetto, al par di quella eterno rende.

La lunga età de' vulcani e la quantità di materie, ch'essi vomitan fuori, ha dato gran pensiero ai fisici. Molte spiegazioni se ne son date finora o strane o insufficienti. Oggi si crede che il mare rigeneri costantemente la materia

combustibile , che serve di alimento ai vulca-
ni , e ch'ella non sia che il prodotto della pu-
trefazione de' corpi marini . Questa ipotesi sem-
bra esser la più verisimile . I vulcani in atti-
vità son pressochè tutti vicini al mare : gli
estinti ne sono quasi tutti lontani : e quegli
stessi , che han cessato di ardere benchè il
mare non se ne sia dilungato , debbono sup-
porsi aver perduta ogni communicazione con
esso . Ma se il mare somministra ai vulcani il
bitume, donde poi quell'altra immensa quan-
tità di materie sì diverse fra loro, che veggon-
sene lanciate fuori nelle eruzioni? D'onde quel-
la inesauribil varietà di pietre? D'onde quella
costante presenza del ferro nelle lave?

Il Signor Patrin, colpito da questa idea, ri-
corre ad una strana ipotesi per trarsi d'impac-
cio. Egli suppone che la terra sia emanata dal
sole sotto l'aspetto di un fluido metallifero.
» È dunque verisimile (egli dice), che il nu-
» cleo della terra sia in gran parte metallico, e
» specialmente ferruginoso, come l'annunziano i
» fenomeni del magnetismo . Ma se emanò un
» tempo dal sole questo fluido metallifero, de-
» ve esisterne ancora una leggiera emanazione.
» Direi dunque che questo fluido viene assor-
» bito dagli strati schistosi . Ora io mi doman-
» do , se un tal fluido emanato dal sole colla
» luce non potrebbe decomporsi come questa?

L'insieme della sua sostanza formerebbe la materia ferruginosa, come l'insieme de' raggi solari forma la luce incolore. Gli altri metalli sarebbero il prodotto della sua decom-
≠ posizione. Ma qual' è il prisma, che l'opera?
» Ecco il segreto della natura. »

Che bel romanzo! Ogn'uomo di buon senso si riserberà a discorrer sulla congettura del Signor Patrin, allorchè avrà potuto informarsi se la terra sia o nò una emanazione del sole. Io credo per altro, che senza ricorrere a siffatte stranezze, possa attribuirsi la costante presenza del ferro nelle lave agli strati del carbon fossile, i quali hanno frequentemente per compagno geologico il minerale di ferro argilloso, come si osserva in molte carboniere di Germania ed Inghilterra. E la congerie immensa e diversa delle pietre, che lancia il vulcano altro non è che l'effetto della forza meccanica, la quale strappa dagli strati limitrofi al centro del vulcano tutti que' materiali, che noi veggiam talvolta poco o nulla svisati.

Riepilogando tutto quel che si è detto in quanto ai vulcani, sembra potersi ragionevolmente sostenere:

I. Che il fomite de' vulcani tenga alle montagne stratose o secondarie.

II. Che i coni vulcanici sieno l'opera de' fuochi sotteranei.

III. Che i solfuri, il carbon fossile animale, e le materie bituminose che vengono somministrato inesauribilmente dal mare costituiscano l'alimento di essi.

IV. Che i vulcani cessano di ardere o quando il mare se ne allontana di molto, o quando le materie necessarie ad operar l'effervescenza cessano di esistervi nella dovuta quantità proporzionale.

Fine delle annotazioni al quarto canto.

CANTO V.

1.

SOrgea la notte : e già ne' flutti immerso
L'astro maggior, natura in fosco ammanto
Ravvolgeva le cose, e l'universo.
Puro e seren l'azzurro cielo intanto
Rider vedea di mille faci asperso,
E tranquillo cadea di Vespro il pianto;
Mentre una pallid' alba in Orïente
L'astro minor già predicea nascente.

2.

Sul colle ascendo, e al monte i sguardi ho volti;
E già di fumo uscìan dall' ampia gora
Globi rotanti in calca e neri e folti,
E ognor più folti e più crescenti ognora,
D' immenso pino in la sembianza accolti,
Che del tinto di morte il ciel colora :
Già s'eclissan le stelle ; e in veste bruna
Livida e tetra emerge fuor la Luna.

h

3.

E come, allor che d'Austro o d'Aquilone
Al soffio procelloso il mar tempesta,
Avvien che il lungo mormorio risuóne
Per la valle pel monte e la foresta;
Così s'udìa dall'infernal magione
Un tuonar cupo, una vóce funesta,
Benchè sommessa ancor , con rauco accento
Ai mortali predir l'infausto evento .

4.

Già scoppia il monte; e qual tonante polve,
Che sotto ascosa a inespugnabil rocca
Tutto in rovine ed alta strage involve,
Se in feral fiamma il suo furor trabocca:
Così 'l tristo Vesevo a un tratto svolve
Dal suo fianco una rupe, e al ciel la scocca;
E voragin dischiude ampia e profonda,
Per cui versar la sua terribil' onda .

5.

A quell' urto a quel colpo intorno il suolo
Trema e vacilla ; ed ondeggiar con questo
Veggonsi i borghi e le cittadi. A volo
Fugge da' tetti inorridito e mesto
Pallido nel sembiante immenso stuolo,
Che narra, ascolta e trema; ed il funesto
Evento ignora ancor donde riesca;
Sebben col caldo imaginar l'accresca.

6.

Ma al fulgor d'improvvisa infausta aurora,
Ognun si volge ad Oriente, e guata:
E'n rimirar che avvampa il monte, allora
La tema è sciolta, o in alto duol cangiata.
Costui d'amaro pianto il volto irrora,
Cui speme sol nel rio Vesevo è data:
E quei, che sol temea perir sepolto,
Ride in veder che ogni periglio è tolto.

7.

Qual' odesi talor di cento insieme
Bronzi mugghianti in militar cimento
Il rimbombar, per cui lo suol ne freme
E rispondongli i poggi in mesto accento:
Così del monte irato in sull'estreme
Gole fiammanti, il tartareo concento
Ad ogn'istante ognor più forte suona,
E le valli e le rupi e'l Ciel rintrona.

8.

Già già fra l'igneo turbo in mille aspetti
Scoppia il fulmine e guizza e striscia e romba,
Or di massi infiammati e insiem ristretti
Larga falange al ciel s'estolle, e piomba
In maggior cerchio a ferir campi e tetti,
Quei cangiando in deserti e questi in tomba:
Or nera nube vomitan le bolge,
Che il monte e'l foco in tenebre ravvolge.

9.

Così forse Israel mirava il Sina
Tutto celarsi in nubilosa veste,
Allor che un dì la Maestà Divina
Fra'turbini scendeva e le tempeste,
Onde l'obblita ed eternal dottrina
Rammentar gli potesse in suon celeste;
Ravvivando nell' alme il pio fervore,
E'l così duro all' uom, fraterno amore.

10.

A'tuoni al mugghio al fulminar sì spesso
Onde l'aere ed il ciel rimbomba e freme
Par che natura sul suo trono istesso
Compresa di terror sospiri e treme.
E'l flutto ardente in rimirar già presso,
Rifugge il mar dalle sue piagge estreme,
Abbandonando sulle asciutte sponde
Le prore e i muti abitator dell'onde. (1)

11.

Dall' ignea foce allor nova tempesta
Di fiamme sbocca, e lo spavento accresce.
Strisciante al suol tu miri onda funesta
Che veloce s'avanza e ognor più cresce,
Nè mai per valle o per poggio s'arresta;
Ma le stragi al furor congiugne e mesce.
I suoi passi precede il duolo il pianto:
Le và la morte in torvo ciglio accanto. (2)

12.

Allora il duce mio trasse dal petto
Un sospir fioco; e tosto a me rivolto,
Signor, mi disse pieno di sospetto,
Io veggio, ohimè, che l'atro fiume è volto
Là dove il mio paterno ed umil tetto
Vedesti in sen d'amica valle accolto.
Deh, lascia or ch'io men voli, e rechi aita
Al caro figlio, alla mia dolce vita.

13.

Partiam, risposi; io verrò teco all'opra,
Che ingrato a te del favor tuo non sono.
Favella, imponi; a tuo piacer m'adopra:
T'offro, se'l vuoi, della mia vita il dono.
A gara allor, benchè atra notte cuopra
Il sentier scabro e lo sommuova il tuono,
Precipitiamo i passi; e'n quell'orrore
A me pietade è sprone, all'altro amore.

14.

De'torbi lampi al luccicar frequente
Discendiam nella valle. A me vedea
Pender sul capo allor nube fremente,
A cui pregno di morte il sen parea:
E che de'venti al tempestar crescente
Ruotando inverso il suol ratta scendea.
Funebre vampo a lei talora il grembo
Lacerando, accrescea l'orror del nembo.

15.

Già piomba; e'n tanta oscurità sepolti (3)
Veggiamci allor, che'l monte, il pian, la valle,
Il medesmo sentier, che ci ave accolti,
Tutto s'asconde; e brancolando, il calle
Palpiàm col piede colle man co' volti;
Mentre feriaci e volto e mani e spalle
Cinerea piova; e denso fumo in giro
Fin vietarci pareva un sol respiro.

16.

Di spavento e di duol confuse voci
Allor d'intorno ascolto; e i tristi accenti
I caldi voti e le bestemmie atroci,
Tutto m'annunzia stuol di afflitte genti
Che dal periglio insiem fuggon veloci.
Fra gli urli, il pianto e le strida dolenti,
Chi'l figlio chiama, il padre o la consorte;
E chi rimedio del timor la morte.

17.

Di lunge alfin funerea luce splende,
E drizza ognun ver quella il suo desio.
Già siam noi presso; e omai ciascun riprende
Lena e speranza. Ma in dolor più rio
Ripiomba allor, che la cagion comprende
Esser di quella luce ardente rio,
Che a noi s'avanza, ed il sentier preclude,
E'l suol converte in infernal palude.

18.

A manca allora il piè volgiam più ratti;
E spettacol d'orrore il cor ci schianta.
D'una vigna ridente in sen ritratti
Noi siam, cui vaga rubra veste ammanta,
E i cui be'frutti già cadean disfatti.
Che gemesse parea ciascuna pianta
All'appressar del foco; e crepitando
Chiudea le foglie, e poi cadea bruciando. (4)

19.

Pallido e muto spettator lì presso
Nel duol sedea l'agricoltor tradito,
Da mille cure e mille affanni oppresso.
Misero! egli era genitor, marito,
E la sposa ed i figli avea dappresso,
Tutti compagni a sì crudel convito.
Ad ogni arbor, che a lui d'accanto ardea,
Li guatava di furto e poi piangea.

20.

Fra pietade e stupor colà ristetti
Quella scena in mirar così pietosa,
In mirar di quel fiume i strani effetti.
L'onda tenace fralle scorie ascosa
Volvesi e corre; e come infranti tetti
Insiem cozzanti, scroscia rovinosa
La mal commessa veste; e spesso ignude
Lascia le brage, ch' entro se rinchiude.

h 4

21.

Rapido intanto altrove il piè rivolsi;
Ed ascoltai non lunge un gemer forte
Sì, che tremar mi fece e vene e polsi.
D'un picciol borgo alle fumanti porte
Io giungo, e là vegg'io che freme e duolsi,
E dolendo sen fugge ampia coorte,
A cui pace, speranza e patria e tetto
Rapìa del monte il barbaro dispetto.

22.

Parte ciascun di vario pondo onusto.
Quegli il picciol tesoro al seno stringe:
Questi l'umili spoglie; e con robusto
Braccio amoroso ad assettar s'accinge
Colui sul dorso il genitor vetusto.
L'altro il gregge d'innanzi a se sospinge:
Porta il padre per man la sua fanciulla:
Porta la madre il suo bambino in culla.

23.

Immemore del monte e del periglio,
Aver sembra taluno il piè restìo
Ad ir nel doloroso eterno esiglio,
In preda all'indigenza ed all'obblio.
Talun rivolge alla sua casa il ciglio,
E le dà fra' singulti un mesto addio.
Talun prostrato, il patrio suol sì caro
Di baci asperge ed alto pianto amaro.

24.

Forse piangea così l'Iliaca gente
In quel funesto e memorabil giorno,
In cui mirando alfin conquisa ardente
La rocca, il tempio, il proprio suo soggiorno,
E cader tutte incenerite e spente
A un punto sol le patrie mura intorno;
Pingeasi nel pensier l'imagin dura
Dell' abborrita servitù futura.

25.

Fuggiam, gridai, fuggiam da sì gran lutto,
A cui non basto nè in pietà nè in pianto.
Muto pe'l fero duol, col ciglio asciutto
E affannoso il pastor veniami accanto,
Fiso il guardo tenendo all'igneo flutto.
E poichè fummo più innoltrati alquanto,
Sù d'un'arbor veloce ascese, e intorno
Cercò guatando il dolce suo soggiorno.

26.

Quindi mi raggiugnea tutto tremante,
E feami sprone al piè col suo timore.
Siam giunti alfin, gridommi: e ad ogn'istante
Or la speme or l'affanno ed or l'amore
Pinto vedea nel mesto suo sembiante.
Spettacol di spavento e d'alto orrore
Alfin si schiuse: e mal reggendo al duolo,
Il buon pastor precipitò sul suolo.

27.

Cinto vegg' io dell'inamabil' onda
Il suo picciolo albergo: e parte in foco,
E parte sovra 'l rio, che lo circonda,
Cader già infranto a quel funesto gioco.
Intatta sol del muro angusta sponda
Vegg'io restarne ancora; e sù quel loco,
A' panni agli atti alle dolenti strida
Riconosco ben' io chi mai s'assida.

28.

Scinta le chiome e colla morte in volto,
Al sen premendo un fanciullin che geme,
Col guardo al cielo, al sordo ciel rivolto,
L'implora invan fra quelle angosce estreme.
Che tutto a lei d'intorno è già sepolto
Nel torrente fatal, che bolle e freme;
Che ognor più cresce, ognor più forte romba
E le appresta nel sen supplizio e tomba.

29.

Fremendo intorno a quell' orror m'aggiro,
Col piè col ciglio e coll' ardire un varco
Chiedendo al foco; e m' affanno e m'adiro.
Delle squarciate mura asperso e carco,
Ov' è men largo, il fiume alfin rimiro,
Sul suo dorso reggendo il lieve incarco.
Sedean colà congiunte e speme e morte:
Ma in me pietà fù del timor più forte.

30.

Sprezzator delle fiamme e del periglio,
Rapido ascendo; e, salvi siete, io grido.
M' udì la madre ed additommi 'l figlio.
A quell' aspetto e foco e morte io sfido,
Che 'l suo bel pianto e 'l solo mio consiglio.
E, a te mia vita, o Ciel pietoso, affido.
Meco li salva, o insiem con essi io pero:
Dissi, e varcai quell' infernal sentiero.

31.

Illeso io giungo. Al palpitante seno
Mi stringe allor la disperata madre.
E se perir degg'io, (diceami,) almeno
Mi salva il figlio e lo ridona al padre.
E poi sciogliendo a maggior pianto il freno,
Poneam' in sen colle sue man leggiadre
Quel caro pegno, a cui fra mille baci
Singhiozzando diceva: ah parti, . . . e taci.

32.

Tosto mi siegui, o donna; io grido; è morte
Ogn' indugio per noi: mi segui e spera.
E fra' dirupi e le crollanti porte,
E per nube di fumo e densa e nera,
Sulle mura dal foco infrante e assorte,
Col sen facendo al fanciullin visiera,
Con man sostegno alla tremante madre,
Salvi li rendo ed al consorte e al padre. (5)
Fine del canto quinto.

ANNOTAZIONI AL QUINTO CANTO.

Le prore e i muti abitator dell' onde.

Che il mare siasi talvolta ritirato dal lido alle orribili scosse cagionate dalle eruzioni del Vesuvio, è un fatto riferito da gravi scrittori. Plinio il giovane lo dice chiaramente nella seconda lettera a Corn. Tac. sull' eruz. del 79.

2.

Le va la morte in torvo ciglio accanto.

Le lave corrono con maggiore o minor celerità, secondochè sono giunte ad un maggiore o minor grado di fusione. Quella versata dal Vesuvio nel 1805. giunse al mare in quattro minuti. Osservò il Sig. Melograni che l' acqua del mare in contatto colla lava si decomponeva, e l' idrogeno si manifestava sotto l' aspetto di fiammelle, che accompagnate da un certo scroscio, facevano in tempo di notte la più bella figura, simile del tutto ad un fuoco di artifizio.

3.

Già piomba e in tanta oscurità sepolti.

Le tenebre cagionate talvolta dall' immenso sbocco delle ceneri e del fumo del Vesuvio sono state orribili . Oltre di quelle riferite da Plinio, nel 1794. ne avvennero delle altre egualmente spaventevoli , le quali afflissero principalmente quel tratto di paese , che ritrovasi al Nord-ovest del monte .

4.

Chiudea le foglie , e poi cadea bruciando.

Chi è stato spettatore del corso di una lava attraverso delle vigne, onde son tutte ricoverte le falde del Vesuvio, ha dovuto mirar pur'anco questo doloroso spettacolo.

Le vigne, e gli alberi fruttiferi costituiscono quasi tutta l' agricoltura de'contorni di questo Vulcano ; ed i vini ne riescono eccellenti. Sarebbe forse qui opportuno di dare un cenno sull'agricoltura Vesuviana . Ma credo inutile il farlo, giacché non ha guari che il nostro Sig.ʳ Gio:Battista Gagliardi, già cognito per altre opere utili e pregiate, ha pubblicato un breve ma sugoso ragionamento sul soggetto medesimo : on-

de io non potrei far altro che ripetere il già
detto da lui.

5.

Salvi li rendo ed al consorte e al padre.

Avrebbesi voluto da alcuni che io avessi ar-
ricchito quest'ultimo canto della già notissima
avventura di Anapi, ed Anfinomo fratelli Ca-
tanesi, i quali salvarono i loro già decrepiti
genitori dalle fiamme dell' Etna, prendendoli
sul dorso e fuggendo con quel prezioso e pe-
sante fardello attraverso de'torrenti infiammati,
che li cingevano già d'ogni parte. Ma, oltrechè
l'eroismo di que'teneri figli fu già elegante-
mente cantato da Claudiano nell'Idillio *de piis
Fratribus*, io ho creduto altresì che non mino-
re interesse avrebbe destato il pericolo di una
madre e di un bambino; persuaso d'altronde
che una mediocre invenzione val sempre me-
glio di una copia eccellente.

ERRORI e CORREZIONI.

pag. 68.

8.

Finch' ebbe scemo di ragione il lume

leggi

Finchè fù al vero e alla ragioń restìo

pag. 87 8.*va* 4.

Non riedon per la nova *iberna* luce

leggi

Non riedon per la nova *esterna* luce

pag. 109. *v.* 18.

macanza -- *leggi* -- mancanza.

Lightning Source UK Ltd.
Milton Keynes UK
UKHW011941021218
333216UK00013B/2122/P